KB092896

바로
매출이
오르는
스마트스토어

"아래 QR링크에 접속하시면
100억 저자가 11년 동안 직접 경험하고 정리한
월 10억 매출 달성 3단계 비법 자료를 드립니다"

세 번 정독하면 평생 써먹을 **스마트스토어의 정석** Q

바로
매출이
오르는
스마트스토어

전준혁 지음

*나비*의 *활주로*

'스마트스토어를 잘 운영하기 위한 핵심'만을 담았습니다

안녕하세요. (사)한국마케팅진흥원 원장 전준혁입니다. 첫 책《바로 매출이 오르는 판매마케팅 법칙》을 출간한 지 2년이 지났습니다. 출간 이후 독자분들로부터 다양한 내용의 이메일을 받았습니다. 특히 제가 감동했던 건 제조, 유통사 사장님들이나 마케팅 담당자분들이 책에 나오는 프레임워크를 자기 상품에 적용해서 피드백을 받고 싶다는 내용이었습니다.

'책을 다 읽고서도 실천하지 않을 수 있는데… 책을 읽고 이렇게 행동하는 이들이 있구나. 자사의 좋은 상품을 알리고 싶다는 절실함을 가진 분들이구나. 나만이 아니라 많은 사람이 상품 마케팅을 하면서 고민하고 있구나' 하는 동질감을 느낄 수 있었습니다.

이러한 마음이 이 책 출간의 원동력이 되었습니다. 이번에도 '읽을 때는 좋은 내용인 것 같은데 다음 날 사무실에 출근해서 뭐부터 어떻게 해야 하지?' 싶은 고민이 없고, 읽은 후 업무에 그 내용을 적용하여 바로 매출을 올릴 수 있는 책을 쓰기로 구상에 들어갔습니다.

제가 처음 상품 마케팅을 시작할 무렵에는 일에 대해 알려 줄 사수도 없었고, '퍼블리'나 '클래스 101' 같은 학습사이트도 없어서 그 누구의 도움도 받지 못하고 독학하는 수밖에 없었습니다. 그 당시의 막막함을 잘 알고 있기에 스마트스토어 운영을 하는 상품 마케팅 현업 종사자분들의 길라잡이가 되길 바라는 마음으로 집필했습니다.

'어떻게 하면 첫 책과 같은 도움을 독자분들께 드릴 수 있을까?' 하고 고민을 거듭했습니다. 첫 책은 이것도 알려드리고 싶고, 저것도 알려드리고 싶은 욕심에 백과사전과 같이 써버리고 말았는데… 이번에는 범위를 좁혀서 한 가지 주제에 집중하여 답답한 속을 시원하게 풀어드리고자 하였습니다. 그렇게 선택한 주제가 바로 '스마트스토어'입니다.

2022년도의 한 기사를 보면 '스마트스토어 수가 55만 개를 돌파했다'는 내용이 있습니다. 실제로 제가 강의를 나가든, 컨설팅을 나가든, 제조사나 유통사와 미팅을 하든 스마트스토어를 안 하고 계시는 대표님은 본 적이 없습니다.

상품을 파는 사람이 누구나 스마트스토어를 하는 데에는 다 이유가 있

N 뉴시스

네이버 스마트스토어 55만개 돌파...이커머스 성장 견인

올 12월 기준 네이버 스마트스토어는 55만개가 운영되고 있으며, 상품 수 역시 전년 대비 50% 이상 증가했다. 판매자 및 상품 다양성을 기반으로...

1개월 전

H 한국경제

네이버가 배출한 '사장님' 벌써 51만명

지난해 매출이 발생한 판매자 가운데 55%는 스마트스토어를 개설한 지 1년이 지나지 않은 것으로 나타났다. 연매출 30억원 이하 지역 소상공인(SME)은...

2022. 9. 14.

스마트스토어 55만 개 돌파 뉴스

습니다. 상품을 갖고 있다면 스마트스토어를 하는 것이 가장 시장진입이 편하기 때문이죠. 일단 네이버 페이 간편결제가 되니 소비자들이 숫자 6자리만으로 물건을 쉽게 쉽게 살 수 있어 결제율도 높습니다. 또한 판매자 입장에서는 결제 주기도 짧습니다. 다른 오픈마켓은 10일 단위 결제, 익월 말 결제 등 소비자가 구매 확정을 누른 날로부터 일정 기간, 길게는 약 한 달 가까이 지나야 구매대금이 회수됩니다. 그런데 스마트스토어는 어제 주문이 들어와서 오늘 배송하면 영업일 기준 3일 안에 입금됩니다. 상품이 출고되면 일정 금액을 먼저 주니까 현금 회전이 빨라서 자금이 막힐 걱정이 없습니다. 소상공인들은 돈을 쌓아놓고 사업하지는 않으니까요.

반품 안심 케어가 있어서 매출액의 일정 퍼센트를 내면 소비자가 반품 택배비를 네이버가 보상해주는 등 편의성도 좋습니다. 심지어 스마트스토어는 수수료도 저렴합니다. 오픈마켓 중 가장 저렴하고 스타트 제로 수수료로 출발하는 분은 일정 기간 수수료 0원으로 판매를 시작할 수 있습니다. 게다가 스마트스토어는 광고비를 적게 써도 상품을 팔 수 있는 거의 유일한 쇼핑 플랫폼입니다. 어떤 오픈마켓이든 상품을 많이 팔려면 광고비를 쓸 수밖에 없는데 스마트스토어는 '상품, 상세페이지, 키워드' 이 3개만 갖고도 매출을 낼 수 있습니다.

저는 스마트스토어를 2012년부터 시작했습니다. 그땐 이름도 스마트스토어가 아니었습니다. 샵N이 막 생겨서 가격 비교에 쇼핑을 붙이기 시작했던 무렵입니다. 이렇듯 초창기부터 스마트스토어를 해왔기에 설명

프리미엄 셀러 인증

할 이야기가 많습니다. 저는 스마트스토어 프리미엄 등급도 달성했습니다. 프리미엄 등급을 달기 위해서는 3개월 동안 스마트스토어에서 6억 원을 팔아야 하는데 50개, 100개 상품으로 한 게 아니라 10개 이하의 품목으로 이룬 성과입니다.

이 책을 쓰기 위해 당연히 시장조사를 시작했습니다. 기존의 스마트스토어 책은 어떤 것들이 있나 하고 살펴보니 매뉴얼관련과 마케팅관련으로 양분되더군요. 사업자등록증을 내고, 통신판매업을 신고하며, 스토어를 개설한 후 설정을 바꾸고, 어떻게 키워드를 뽑아 상품 등록을 하면 되는지에 관해 가이드해주는 매뉴얼 책과 광고와 마케팅을 알려주는 책으로 말이죠.

아쉬운 점은 '온라인에서 상품을 판다'는 것이 무엇인지 '스마트스토어는 무엇인지 명확한 본질을 말해주는 책이 거의 없었다는 것'입니다. 물론 매뉴얼과 마케팅하는 방법도 중요하지요. 실무를 진행하는 데 있어서 꼭 필요합니다. 하지만 그 이전에 스마트스토어라는 거대한 생태계가 어떻게 돌아가는지, 온라인에서 상품은 어떻게 팔리는지 등에 관한 근본적인 원리를 모르고, 누가 짜놓은 매뉴얼에만 의지해서 상품을 파는 건 한계가 있다고 생각합니다.

왜 그럴까요? 똑같은 시기에 스마트스토어를 시작한 두 사람이 있다고 가정해보겠습니다. 이들은 각자 자기의 판단 하에 히트를 칠 것 같은 상품을 소싱해서 매뉴얼대로 키워드를 뽑아 상품을 등록했습니다. 그런데 한쪽은 상품이 쪽박을 쳤고, 다른 한쪽은 대박이 났다고 가정해 봅시다. 그렇다면 많이 판 사람은 성공했고, 안 팔린 사람은 실패한 걸까요?

제가 봤을 땐 많이 팔려도, 적게 팔려도 문제입니다. 성공한 사람조차 자기가 왜 성공했는지 자신 있게 대답할 수 없기 때문입니다. 계획된 성공이 아니라 우연한 성공이기 때문이죠. 스마트스토어의 원리를 모르니 못 판 사람은 왜 내 상품이 실패했는지 모르고, 성공한 사람도 이번에는 성공했는데 다음 상품은 어떻게 해야 할지 속이 답답할 수밖에 없습니다.

쉽게 접할 수 있는 스마트스토어관련 강의 중에는 '대량 등록으로 돈 버는 법을 알려주겠다'는 내용도 있는데요. 저는 이런 편법은 추천하지 않습니다. 이후 네이버가 막는 건 둘째 치더라도 대량 등록은 엄밀히 말해 판매 마케팅이 아니라 재테크적인 접근이기 때문입니다. 최대한 많은 키워드로 여러 상품을 등록한 후 뭐 하나 얻어 걸리라는 식인데, 이렇게 해서는 판매 마케팅에 관한 나만의 경험과 통찰이 생기지 않습니다.

100개의 상품을 1개씩 파는 것 보다, 하나의 상품을 100개 팔아보는 쪽이 스마트스토어 셀러로서 얻어갈 수 있는 경험치가 월등히 큽니다. 그 잘 팔리는 하나의 상품을 소싱하기 위해 치밀하게 시장을 조사하고, 어떻게 경쟁사를 이길까 궁리하며, '나는 소비자에게 어떤 가치와 혜택을 줄 수 있을까?'에 관해 진심으로 고민하기 때문입니다.

그렇게 작은 성공을 한 번 맛보게 되면 점점 '이렇게 하면 성공하는구나. 이렇게 하면 실패하는구나' 하는 경험치가 쌓입니다. 그러면 다음 상품에도 비슷한 워크플로(workflow)를 적용해서 또 성공을 만들어낼 수 있고, 그런 성공이 하나둘 쌓이면 여러분은 능숙하고 노련한 스마트스토어 셀러로 성장할 수 있습니다.

일찍이 링컨은 이런 명언을 남겼습니다. "나에게 나무를 자를 여섯 시간을 준다면, 나는 먼저 네 시간을 도끼를 날카롭게 가는데 쓰겠다(Give me six hours to chop down a tree and I will spend the first four sharpening the axe)."

혹시 지금 열심히 도끼로 나무를 찍고 있는데, 아무리 찍고 찍어도 나무가 잘 넘어가지 않아서 힘겨워하고 계시지는 않으십니까? 열심히 스마트스토어를 운영하고 있지만 매출이라는 성과가 나오지 않는 건 어쩌면 아직 당신의 도끼가 날카롭게 갈려있지 않아서일 수도 있습니다.

스마트스토어 운영의 접근법에는 불법, 편법, 비법, 방법 이렇게 4가지가 있습니다. 네이버가 허락하지 않은 어뷰징 프로그램을 동원하면 불법, 네이버가 허락한 선에서 꼼수를 쓰면 편법, 기본 원리에 충실하게 진행하면 방법, 그 방법에 경험이 쌓여 하우 투(How to)로 거듭나면 비법이 됩니다.

스마트스토어와 관련하여 공부를 꽤 했다는 분과 얘기해 봐도 생각보다 방법을 제대로 알고 있는 분이 몇 분 안 계셨습니다. 수강생은 빠르게 결과를 얻고 싶으니 최소한의 매뉴얼(방법)만 익힌 채 편법과 불법으로 넘어가고, 많은 저자와 강사도 방법을 똑바로 안 가르치고 비법은 숨기며 불법과 편법을 가르치니, 잠깐은 돈을 벌어도 스마트스토어로 꾸준히 돈 버는 사람은 적은 것이지요.

이 책은 스마트스토어의 인터페이스나 매뉴얼 혹은 스마트스토어 광고 잘하는 방법도 알려주지 않습니다. 대신 여러분이 그동안 놓치고 계셨던 방법과 프리미엄 등급 셀러의 비법을 가르쳐드리겠습니다. 도끼로 나무를 찍기 전에 그 도끼를 날카롭게 가는 법을 알려드리겠습니다. 매뉴얼과 광고하는 법이 필요한 분들은 먼저 이 책을 끝까지 다 읽으신 후 다른 스마트스토어 책을 읽어보시거나 네이버 비즈니스 스쿨, 클래스101 등에서 관련 강의를 들어보시길 바랍니다.

이 책에서는 제가 스마트스토어를 11년 하면서 깨달은 '스마트스토어의 생태계, 온라인 판매의 본질과 원리'를 알려드립니다. 잘 팔리면 왜 내 상품이 잘 팔렸는지, 안 팔리면 왜 내 상품이 안 팔리는지 되짚고 분석할 수 있게 되실 겁니다. 그 분석을 토대로 '이 부분이 문제구나!' 스스로 진단하고, '이렇게 고치면 되겠다' 하면서 스스로 나아갈 방향을 알 수 있게끔 기준점을 제시해 드립니다. 바로 매출이 오르는 스마트스토어, 지금부터 시작해 봅시다!

셀링 마케터 전준혁

CONTENTS

PART 1

8개의 퍼널을
맞추는 판매 게임,
스마트스토어

실패하는 스마트스토어 운영의 전형적인 패턴은 이렇습니다

"스마트스토어를 하는데요. 매출이 잘 나오지를 않아요!"

제조사나 유통사 사장님을 대상으로 강의, 컨설팅, 멘토링을 나가면 많이 하시는 말씀입니다. 그분들의 이야기를 들어보니 다들 비슷한 패턴을 겪고 있었습니다.

시작은 이렇습니다. '내가 괜찮은 상품을 갖고 있다. 그러므로 기존 오프라인 유통도 좋지만 온라인으로 팔아볼까?' 하고 생각합니다. 그런 다음 '어떻게 온라인 판매를 시작할까?' 하고 고민하지요. 이를 알아보다 스마트스토어를 시작합니다. 책과 강의를 통해 배워가며 스토어를 개설하지요. 그러면서 온라인은 오프라인과 달리 '상품을 노출할 키워드가 무엇보다 중요하다'는 사실을 배웁니다.

그런 다음 디자인 업체와 컨택하여 상품 샘플을 보내고 업체가 요구하는 상품정보를 넘겨줍니다. 며칠 후 예쁘게 디자인된 상세페이지와 섬네일(대표 이미지) 파일을 받습니다. 상세페이지와 섬네일이 생겼으니 검색량이 많은 키워드를 뽑아서 상품을 등록합니다.

그러면 주문이 한두 건씩 들어오기 시작하면서 매출 그래프가 올라가는 것이 보입니다. 그 전까지는 스마트스토어 자체를 안 하다가 막 시작했으니 당연하겠죠. 그런데… 어느 순간부터 보이지 않는 유리 천장에 부딪힌 것처럼 매출 그래프는 더는 올라가지 않습니다. 더 많이 팔릴 수 있을 것 같은데 희한하게 그 이상은 안 팔리는 매출 정체기가 찾아오는 것이지요.

사실 이는 당연합니다. 나는 이제 막 스마트스토어를 시작하는 단계지만, 분명 나보다 먼저 잘 판매하던 경쟁사가 있다는 사실을 간과하고 있었기 때문입니다. 이들 경쟁사는 새로운 라이벌이 출연했는데, 손 놓고 지켜보기만 하지는 않습니다. 상품의 품질을 높이고, 광고와 마케팅에 더 리소스를 투자해 대응합니다. 하지만 대부분의 판매자는 여기서부터 어떻게 판매를 풀어나가면 좋을지 막막함을 느낍니다. 그리고 이렇게 생각하게 되죠. '내 상품이 아예 안 팔리지는 않았단 말이지… 잘 되다가 갑자기 안 된 거니까… 아무래도 노출이 부족한가 봐. 광고를 한번 시작해봐야겠어.'

유튜브나 강의를 보면서 쇼핑 검색광고와 파워링크를 해보고, 다소 어설퍼도 광고 소재를 만들어서 네이버 GFA 광고, 페이스북 & 인스타그램 광고도 시작해봅니다. 소중한 돈을 써서 광고를 내보냈으나 결과가 기대에 미치지는 못합니다. 다시 말해 투입한 광고비 대비 판매량이 기대에 미치지는 못하는 것이지요.

'김 사장은 광고로 돈 많이 벌었다고 그러던데 왜 나는 광고 수익률이 낮지? 그래도 광고로 상품이 나가기는 나간단 말이지… 내가 광고를 잘하지 못하나보다.'

그런 생각에서 광고, 마케팅 전문가가 직접 광고를 잡으면 내가 직접 하는 것과는 다르겠거니 기대를 품고 대행사를 알아봅니다. 주변 지인에게 소개받든, 네이버 공식 광고대행사를 찾아 문의 전화를 걸어봅니다. 그렇게 만난 대행사 팀장님은 내가 모르는 전문용어를 써가면서 그럴듯한 비전을 제시합니다. 그렇게 소모하는 광고비의 일부 퍼센트를 대행사 수수료로 지불하고 광고를 내보내기 시작합니다.

'하루 대부분 시간을 광고 만들고 분석하는 분들이잖아. 전문가가 하면 초보인 내가 하는 것과는 확실히 다르겠지….'

그런 마음으로 시간은 흐릅니다. 확실히 광고 효율 자체는 나아졌습니다. 이들이 만든 광고 소재는 내가 조악하게 만든 소재보다 더 세련되었고, 클릭당 비용은 낮으면서 유입량은 더 많아졌습니다. 그런데… 매출은 여전히 그저 그렇습니다. 상품이 팔리기는 하지만 광고비 지출이 있다 보니 적자가 나는 날도 많습니다.

효율이 나지 않으니 결국 대행 계약을 종료하고 나서부터 낙담하게 됩니다. 자신이 가진 카드 패를 전부 사용했지만 문제는 하나도 해결되지 않았고, 앞으로 어떻게 해야 할지도 잘 모르겠습니다. 그럼 문득 이런 생각이 뇌리를 스칩니다.

'이상하다… 분명 책과 강의에서 말한 대로 했는데… 왜 나는 안 되지? 내가 책과 강의에서 본 성공사례는 대체 뭘까?'

여기서 가장 심각한 문제는 단순히 '실패했다' '광고비를 많이 썼는데 상품을 그만큼 많이 못 팔아서 적자가 났다'는 것이 아닙니다. 바로 내가 '왜' 실패했는지, 앞으로 '무엇을 어떻게 해나가야 할지를 모른다'는 점입니다.

저는 왜 잘 되었는지 이유조차 모르는 어설픈 성공보다 이유를 아는 실패가 오히려 더 가치가 있다고 생각합니다. 스마트스토어가 무엇인지에 대해 전체적인 그림이 있는 사람은 실패하더라도 '어느 부분에서 문제가 있었구나. 이걸 해결하기 위해선 내가 뭘 하면 되겠다' 하는 방향성을 갖고 성공을 향해 나아갈 수 있습니다. 성공하면 '역시 내 계획대로 이런 부분이 맞아서 매출이 올랐네. 다음에도 비슷하게 하면 되겠다' 싶고, 다음 상품을 팔 때도 활용할 수 있는 인사이트를 얻게 됩니다.

혹시 여러분도 이와 비슷한 경험을 해보지 않으셨습니까? 아니면 이와 비슷한 상황을 겪지는 않으셨었나요? 다수의 판매자들은 자신이 팔고자 하는 상품에 대해 자신감이 있고, 스마트스토어에 관해 어느 정도 배웠기에 모든 준비가 끝났다고 판단해 스마트스토어를 시작합니다. "내 손에는 도끼가 있어!" 하고 나무부터 찍기 시작하는 것이죠. 그런데 손에 도끼를 쥐여주는 것도 중요하지만, 그 도끼를 날카롭게 가는 방법도 알아야 하지 않겠습니까? 지금부터는 프롤로그에서 잠깐 설명한 '스마트스토어의 생태계와 근본 원리'에 관해 좀 더 설명하겠습니다.

아무도 가르쳐주지 않았던 스마트스토어의 본질

본격적인 내용에 들어가기에 앞서 온라인 상품 판매할 때 가장 중요한 2가지를 다시 한번 말씀드리겠습니다. '다시 한번'이라고 말씀드리는 이유는 전작 《바로 매출이 오르는 판매마케팅 법칙》에서도 소개했기 때문입니다. 중요한 개념인 만큼 빠르게 한번 더 설명하겠습니다.

　① 온라인 매출의 3요소

　② 소비자 구매경로

먼저 ①은 간단합니다.

온라인 매출 = 유입×전환×객단가

유입은 내 스마트스토어에 얼마나 많은 사람이 찾아오는가, 전환은 내 스마트스토어에 방문한 고객이 얼마나 구매 고객으로 전환되는가, 객단가는 팔린 물건의 가격은 얼마인가를 뜻합니다.

예를 들어 내 스마트스토어에 40,000원짜리 상품 하나가 있습니다. 이번 달에 1,000명이 방문했고, 그중 방문객의 1%가 구매 전환을 일으켰습니다. 그러면 총 매출은 얼마일까요?

온라인 매출(400,000원)=유입(1,000명)×전환(1%)×객단가(40,000원)

1000에 1%는 10명인데 10명이 40,000원 상품을 하나 사면 총매출은 400,000원이 됩니다. 이 10명이 남긴 리뷰를 읽은 당신은 상품의 아쉬운 점을 개선해서 업그레이드 버전을 만들었습니다. 가격은 10,000원 상승한 50,000원으로 정했습니다. 이번에는 마케팅에 집중하여 2,000명을 유입시켰고, 그 중 3%가 구매했습니다. 그렇다면 총매출은 어떻게 달라지나요?

온라인 매출(3,000,000원) = 유입(2,000명) × 전환(3%) × 객단가(50,000원)

2,000명의 1%는 20명이니까 3%면 60명이 됩니다. 60명이 50,000원짜리 상품을 하나씩 샀다고 가정하면 총매출은 3,000,000원이 됩니다.

우리는 유입을 2배, 전환율을 3배, 객단가를 1.25배 올렸을 뿐인데 매출은 7.5배 상승했습니다. 여기서 말씀드리고자 하는 건 우리의 궁극 목표인 매출을 높이기 위해서는 '스마트스토어 방문자를 높이고, 구매 전환율을 높이며, 객단가를 높이는 3가지 작업을 동시에 진행해야 한다' 다시 말해서 이중 어느 하나만 높여서는 안 된다는 것입니다. 그리고 온라인 매출은 덧셈이 아닌 곱셈이기 때문에 3가지 지표를 한 번에 올리는 데 성공하면 매출은 곱셈으로 작용해 기하급수적으로 늘어납니다.

그렇다면 이 유입, 전환, 객단가를 어떻게 높이면 될까요? 사실 객단가 부분은 판매자가 원한다고 해서 내 맘대로 바꿀 수 있는 건 아닙니다. 시중에서 30,000원 정도에 팔리는 상품인데 내가 원한다고 해서 갑자기 60,000원으로 가격을 높이면 안 팔릴 테니까요. 대신 연관 상품을 묶어 패키지 옵션을 만들거나, 1+1 옵션을 만들어서 '기본 옵션을 살 바에 얼마 더 얹어서 이거 사는 게 더 이득 아니야?'라고 고객을 설득할 수 있습니다. 옵션에 관해서는 객단가 파트에서 자세히 다루겠습니다.

유입과 전환은 객단가와 달리 판매자가 어느 정도 통제할 수 있는 변수입니다. 이 둘을 높이기 위해서 참고해야 할 부분은 바로 소비자 구매경로입니다. 내가 상품을 팔기 이전에 소비자가 어떻게 해서 내 상품을 사게 되나 전체적인 흐름을 안다면, 역으로 내가 소비자에게 이렇게 팔면 되겠다고 하는 시나리오가 그려지기 때문입니다.

지금은 잠깐 판매자의 마인드를 내려놓고 소비자의 입장으로 돌아가서 생각해보겠습니다. 최근에 스마트스토어에서 물건을 산 경험을 떠올리며 다음의 시나리오를 읽어보세요.

소비자 구매경로

STEP 1	주의(Attention)
STEP 2	흥미(Interest)
STEP 3	네이버 검색(Search)
STEP 4	검색결과 리스팅(Result)
STEP 5	클릭(Click)
STEP 6	비교&검토(Comparison)
STEP 7	구매(Action)
STEP 8	재구매&추천&공유(Share)

쌀쌀한 가을에 스마트스토어를 시작한 여러분은 다가올 겨울에 대비해 난방용품이 잘 팔릴 거라 예상하여 상품을 만들었습니다. 난방용품에도 종류가 여러 가지 있지만 여기서는 '욕실온풍기'를 예로 들겠습니다.

지앤지비 바툼 욕실온풍기 메종
최저 135,880원 판매처 3

디지털/가전 > 계절가전 > 온풍기 > 전기온풍기

사용연료 : 전기 │ 소비전력 : 1.865kW │ 조절기능 : 열량조절, 풍향조절, 에코모드 │ 부가기능 : 수건건조, 수건걸이 │ 안전장치 : 자동전원차단, 과열방지 │ 온도조절 : 3단

리뷰 ★★★★☆ 239 · 등록일 2022.01. · ♡ 찜하기 179 · 🗋 정보 수정요청

바툼 욕실온풍기 예시

이 상품의 주된 용도는 욕실에 달아놓고 틀어서 특히 겨울철에 감기 안 걸리고 따뜻하게 샤워하는 것입니다. 완전 방수 기능이 내장되어서 욕실에서도 자유자재로 사용할 수 있고, 꼭 욕실이 아니더라도 들고 다니며 다양한 곳에 부착해 온풍기로 사용할 수 있습니다.

여러분이 이 온풍기 관련 키워드를 뽑고, 상세페이지와 섬네일을 제작해 스마트스토어에 상품 등록을 했다고 가정합시다. 스마트스토어 운영을 잘하기 위해서는 스마트스토어의 생태계가 어떻게 작동하는지 알아야 한다고 말했죠? 그렇다면 우리가 상품을 등록한 이후 어떤 일이 생기는지 스텝 1부터 살펴보겠습니다.

스텝 1은 '주의 단계'입니다. 이는 아무 생각 없던 소비자가 특정 이슈, 이벤트가 발생해 해당 안건에 주의가 쏠리는 단계입니다. 방금 예로 든 '겨울이 다가온다'는 것도 날씨가 추워지니까 난방용품이 필요하다는 이벤트가 되겠죠? 집에 쌀이 떨어져서 새로 채워야 한다, 어린이날이 다가와 자녀에게 장난감을 사줘야 한다, 갑자기 코로나19와 같은 팬데믹이 되어서 마스크가 필요한 상황 역시 주의의 일종입니다.

PiCK 언론사가 선정한 주요기사 혹은 심층기획 기사입니다.

매일경제 PiCK 18시간 전 네이버뉴스
"미리 샀으면 좋았을 걸"…난방비 폭탄에 판매량 7배 뛴 것은
특히 문풍지,핫팩,온풍기 등 난방용품 매출은 2.6배가 되기도 했다. 롯데마트 관계자는 "전기요, 온풍기, 선풍기형 히터 등 소형 가전의 경우 10만원 이하 중저가의…

영하 20도 한파에…난방가전 '불티' 매일경제 16시간 전 네이버뉴스

난방비 폭탄 뉴스기사

마침 이번 겨울에도 한 가지 이슈가 있었습니다. 러시아가 전쟁으로 가스 밸브를 잠그는 바람에 천연가스가 귀해져서 가격이 뛴 것이죠. 1년 사이 난방비가 40% 가까이 급등했습니다. 실제 고지서를 받아보고 평소보다 유달리 오른 난방비를 보고 놀란 사람들은 먼저 지인과 이야기합니다. 아니나 다를까 너도나도 난방비가 올라서 깜짝 놀랐다고 합니다. 그 다음 인터넷을 검색해봅니다. 그리고 며칠 후 앞 페이지 이미지와 같이 난방비 폭탄 뉴스가 발행되고 이때 대중들은 '난방비 폭탄'이라는 주의 (Attention)가 형성됩니다.

아쉽게도 이런 주의는 저희 판매자가 직접 만들어내기는 힘듭니다. 자본력이 뒷받침된 대기업은 일정 부분 주의를 만드는 일이 가능합니다.

아래의 사진은 버거킹에서 진행했던 TV CF인데요. 2021년도에 버거킹

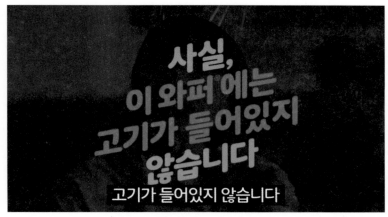

버거킹 플랜트와퍼 TV CF

에서 '플랜트 와퍼'라는 제품을 출시한 적이 있습니다. '고기가 들어있지 않다'는 카피대로 대체육인 콩고기 패티를 쓴 100% 식물성 와퍼였습니다.

당시 고기가 들어있지 않다는 카피가 많은 사람의 호기심을 불러일으켜서 '대체육 버거'라는 '주의'를 만들어냈지요. 지금도 플랜트 와퍼를 검색해보면 대체육 패티가 궁금해서 직접 먹어보고 후기를 남긴 블로거, 유튜버의 콘텐츠를 발견할 수 있습니다.

이처럼 직접 주의를 만드는 건 많은 사람이 보는 매스미디어와 더불어 SNS, 유튜브 광고를 병행해야 하므로 자본이 넉넉지 않으면 현실적으로 힘든 부분이 있습니다. 그러니 개인사업자 분들은 직접 '주의를 만들겠다'는 생각보다는 이번 난방비 폭탄처럼 자연스럽게 형성되는 주의를 노릴 필요가 있습니다. 앞서 '쌀이 떨어졌다, 어린이날 선물을 사줘야 한다' 등 모든 상품에는 주의를 불러일으키는 저마다의 이벤트, 이슈가 있기 때문입니다.

그렇다면 '이 난방비 폭탄에 어떻게 대응할 것인가?'라는 것에 주의를 기울입니다. 사람들은 가스를 최대한 덜 사용하면서 올겨울 추위를 이겨낼 방법을 궁리하기 시작했습니다. 자연스레 난방용품에 대한 '흥미(Interest)'가 깊어졌는데요. 좀 전에 보여드린 기사에서도 문풍지, 핫팩, 온풍기 등 난방용품 매출이 2.6배가 뛰었다는 언급이 있습니다.

오프라인 매장에 가서 난방용품을 사는 사람도 있겠지만 온라인을 통해 상품을 사려는 사람도 있겠죠? 여기서 사람들은 네이버에 갖가지 키워드를 '검색(Search)' 하기 시작합니다. 먼저 난방비 관련 키워드로 검색하면서 '난방비를 적게 내려면 어떻게 해야 하는지'를 알아보겠죠. 보일러가 계속 돌아가면 가스가 물을 끓이니까 그 과정에서 난방비가 발생한다는 사실을 알게 됩니다. 보일러 외출 버튼을 누르지 말고 평소보다 온도를 1~2도 낮게 설정하면 가스를 덜 사용할 수 있다는 팁을 알게 됩니다.

그 외에도 집이 따뜻해야 보일러가 덜 작동하는데 이와 관련해서 창호를 교체하거나, 단열재를 쓰거나, 히터나 온풍기 등 전기로 작동하는 상품이 난방비 절약에 도움이 된다는 사실을 알게 됩니다. 모든 의문을 풀렸으니 이제 직접 상품을 구매할 차례입니다. 사람에 따라 히터를 사는 사람도, 단열재를 사는 사람도 있겠지만 누군가는 온풍기에 대해 검색할 것입니다.

여기서 소비자는 검색 결과 리스팅(Result)에 뜬 상품을 클릭(Click)한 후 상세페이지와 리뷰를 확인하고, 몇 가지 모델을 장바구니에 담은 다음 '비교 검토(Comparison)'에 들어갑니다. 생각해둔 예산과 품질, 신뢰도를 비교해 가장 나은 온풍기를 '구매(Action)'합니다. 며칠 후 온풍기가 집에 도착해 사용해 보고 만족하면 별점 5점으로 후기를 작성하고 주변 지인에게 '추천(Share)'하게 됩니다. 물론 만족도가 낮다면 그 반대의 일이 일어나겠죠?

이상으로 '소비자 구매경로 8단계'에 관해 전부 알아봤는데요. 이를 통해 내가 온풍기를 판다고 가정할 때 주의해야 할 몇 가지 포인트가 보이지 않습니까? 주의, 흥미는 일단 넘어가더라도 검색, 리스팅 단계에서 내 상품이 뜨지 않으면 어떨까요? 검색 결과에 뜨더라도 클릭을 받지 못한다면 어떨까요? 유입이 없으니 당연히 구매 전환도 없을 것입니다.

소비자는 내 온풍기 외에 다른 온풍기, 더 나아가 온풍기가 아닌 히터나 단열재 같은 대체품까지 고려할 텐데, 경쟁 상품에 비해 내 상품이 나은 점이 하나도 없다면 어떨까요? 당연히 내 상품은 구매 전환이 일어나지 않을 것입니다. 혹은 분명 더 나은 점이 있는데 그 내용이 상세페이지에 없다면? 역시나 내가 판매하는 온풍기는 선택받지 못할 것입니다. 그러므로 검색과 리스팅 단계에 관한 치열한 고민이 필요한 것입니다.

스마트스토어
게임의 승리 조건을 명확히
정의해야 합니다

소비자는 8단계 구매 경로를 통해 상품을 구입하고, 스마트스토어 매출은 객단가(상품 가격)는 정해져 있으므로 유입량과 전환율이 높을수록 커집니다. 자, 이 부분이 핵심입니다. 이것이 의미하는 건 소비자 구매경로 각 단계에서 작용하는 '유입, 전환, 객단가 요소를 하나도 빠지지 않고 전부 챙긴다면 자연스럽게 스토어 매출을 올릴 수 있다'는 의미입니다.

다시 한번 정리하겠습니다. 온라인 판매의 본질은 멀리 있지 않습니다. 그저 소비자가 상품을 사는 순서대로 우리는 팔면 됩니다. 이를 실천하기 위해서는 소비자가 상품을 구매하기까지의 8단계 각각에 해당하는 마케팅 포인트를 알 필요가 있습니다. 이 8가지의 마케팅 포인트는 거대한 하나가 만들어지기 위한 부품 하나 하나와 같아서, 이 8개의 부품을 완전하게 결합하면 하나의 '마케팅 퍼널'이 완성됩니다. 스마트스토어는 내

소비자 구매경로	예시	마케팅 포인트	알아야 할 것
주의	겨울이 왔는데 욕실이 춥다	시장 상황	경쟁사 조사, 소비자 조사
흥미	욕실을 따뜻하게 하려면 어떤 상품을 써야 할까?	상품	상품의 필수조건 8가지, 상품의 구매동기 5가지
(네이버) 검색	욕실난방기, 욕실온풍기 같은 상품이 있네?	키워드	키워드 조사
검색결과 리스팅	욕실온풍기에는 이런 것들이 있구나	쇼핑검색 랭킹	적합도, 인기도, 신뢰도
클릭	이 온풍기가 괜찮아보이는데 한 번 알아볼까?	유입	썸네일, 작품명, 노출가격
비교&검토	여러 온풍기 가운데 이게 가장 나은데?	전환	상세페이지, 후기, 이벤트
구매	이 온풍기가 괜찮아보이는데 한 번 알아볼까?	객단가	브랜드스토리, 신뢰도, 업셀링
재구매 추천 공유	써보니 가격 대비 성능이 좋네 후기 5점 주고 주변에도 추천해야지	만족도	상품력, 진실성, 사용자의 만족

가 스토어에 올린 모든 상품에 대해서 이 마케팅 퍼널을 완성하는 게임이라 봐도 과언이 아닙니다.

'밑 빠진 독에 물 샌다'는 말이 있죠. 8개의 마케팅 포인트를 결합한 내 상품의 마케팅 퍼널도 일종의 장독대와 같다고 보시면 됩니다. 소비자의 주의와 흥미는 날마다 발생합니다. 이는 우리가 만든 '마케팅 퍼널'이라는

모든 마케팅 퍼널을 조립해야 물이 안 샌다

항아리 위로 계속 물이 쏟아지는 것과 같습니다. 그런데 중간 중간 큰 퍼널을 이루는 마케팅 포인트가 빠져있거나, 부실하게 결합하여 있으면 어떨까요? 당연히 물이 중간에서 누수될 것입니다. 이 누수되는 물만큼 우리는 고객을 잃는다고 생각하면 됩니다.

만약 스토어에 유입이 없다면 그것은 애당초 항아리를 물이 떨어지지 않는 위치에서 조립한 것입니다. 스토어에 유입은 있는데 전환이 없다면 물이 떨어지는 곳으로 위치는 잘 잡았는데 마케팅 퍼널을 부실하게 조립해서 누수가 일어나는 것입니다. 그럼 좀 더 자세히 마케팅 포인트 하나하나에 대해 살펴볼까요?

만약 시장을 맞추지 않는다고 가정해 봅시다. 자고로 수요가 있어야 공급이 있는 법입니다. 스마트스토어를 시작하려면 상품부터 골라야 하는데 그 전에 시장을 모르면 어떻게 될까요? 소비자가 무엇에 주의가 끌리고, 어떤 상품에 흥미를 느끼는지 알지 못합니다. 내가 소비자가 무슨 문제 때문에 어떤 상품을 찾는지 모르면 잘 팔릴 상품을 소싱할 확률이 현저히 낮아집니다. 게다가 경쟁사인 기존 공급자들이 무슨 상품을 파는지도 모르니 나는 누구와 싸우는지도 모르는 채 상품을 파는 꼴이 됩니다.

우리는 스님에게 빗을 팔 수는 없습니다. 주의와 흥미를 직접 만들지는 못하더라도, '소비자가 어떤 상황에서 어떤 주의가 발생해 무슨 상품에 흥미를 가지는가? 기존 경쟁사는 이를 노리고 어떤 상품을 소비자에게 선보이고 있는가?'와 같은 필요 최소한의 시장조사는 해야 합니다.

앞으로 아이템 리포트와 마켓 리포트를 작성하는 방법에 대해 다룰 텐데요. 클릭을 만들어내는 섬네일과 전환을 만들어내는 상세페이지 모두 시장조사를 기반으로 만들어지는 걸 보게 될 것입니다. 그만큼 시장조사는 상품과 더불어 모든 퍼널의 시작점임을 알아야 합니다.

만약 상품을 '맞추지 않는다'고 가정해봅시다.

많은 판매자가 하는 실수가 일단 자기가 가진 모든 상품을 등록하고 보는 것입니다. 그러나 스마트스토어에서 잘 팔리는 상품은 따로 있습니다. 무작정 도끼를 들고 나무를 찍기 전에 잘 팔릴 만한 상품을 보는 안목부터 길러야 합니다.

아무리 마케팅을 잘해도 소비자가 원하는 건 '자신의 문제를 해결해 줄 상품'입니다. 그렇기에 시장조사를 통해 내 상품이 소비자가 원하는 기능이 있는지, 경쟁사에 비해 가격대는 적당한지, 뭐라도 더 나은 매력적인 차별화가 있는지를 봐야 합니다. 따라서 '처음부터 팔릴 상품을 선정하는 기준'을 알려드릴 것입니다.

만약 '키워드를 맞추지 않는다'고 가정해봅시다.

오프라인에서 상품을 판매할 때 어느 위치에 어떻게 진열되어 있는가가 중요하다고 하죠? 온라인으로 치면 사람들이 자주 검색해서, 자주 보는 위치에 내 상품이 진열되는 것이 중요합니다. 따라서 내 상품과 관련해서는 소비자가 어떤 키워드로 검색하는지 알아야 합니다.

키워드는 검색 유입을 위한 상품명, 본문, 태그, 메타디스크립션에 쓰입니다. 어떤 키워드는 그 자체로 소비자의 니즈를 드러내 상세페이지 제작의 힌트가 되어주며, 시장조사에도 쓰이는 등 그 활용도가 무궁무진합니다. 이런 키워드를 안 맞추면 상품 노출은 물론이고 시장조사도 불가능해지기 때문에 유입 전환 자체가 정지합니다. 따라서 우리는 내 상품 관련 키워드를 추출하고 분류하는 법에 대해 알아야 합니다.

만약 '검색랭킹을 맞추지 않는다'고 가정해봅시다.

네이버에 왔으면 네이버의 규칙을 따라야 합니다. 다시 말해 네이버가 알려주는 스마트스토어 로직을 알고 이를 어기지 않아야 제대로 스마트스토어를 운영할 수 있다는 말이죠. 따라서 바로 다음 장에서 바로 네이버가 말하는 스마트스토어 랭킹부터 공부해 볼 것입니다. 네이버의 로직을 모르면 스마트스토어 운영 자체를 못 하기에 검색랭킹은 어떤 스마트스토어 책과 강의를 봐도 반드시 다루고 넘어가는 내용입니다. 여기서 많은 판매자가 실수하는 것이 8개의 퍼널 중 단지 '키워드, 검색랭킹'에만 집중한다는 것입니다. 일단 이 둘을 알면 스마트스토어를 시작이라도 해볼 수 있기 때문이죠.

물론 키워드와 검색랭킹이 스토어 유입을 만들어내는 핵심 퍼널이기는 합니다. 하지만 앞서 살펴봤다시피 우리의 매출은 유입도 유입이지만 전환, 객단가가 같이 올라가야 빛을 발합니다. 따라서 키워드와 검색 역시 나머지 6개의 퍼널과 같이 맞물려야 비로소 하나의 유기적인 시스템으로 작동합니다.

만약 '유입을 맞추지 않는다'고 가정해봅시다.

사회생활을 할 때 첫인상이 중요하다고 하죠? 첫인상이 70%의 영향을 주며 한 번 정해진 첫인상은 쉽게 바뀌지 않는다고요. 상품도 마찬가지입니다. 설령 검색 랭킹을 맞춰서 노출 결과에 내 상품이 뜨더라도 첫인상이 나쁘면 클릭 받지 못합니다. 그리고 클릭을 받지 못하면 당연히 팔리는 일도 일어날 수 없습니다. 이 클릭을 통해 사람을 유입시키는 섬네일, 상품명, 노출 가격에 관해 설명해 볼 것입니다.

만약 '구매전환을 맞추지 않는다'고 가정해봅시다.

클릭을 받더라도 스크롤 몇 번 내리지 않은 채 뒤로 가거나 ×창을 누르면 판매는 일어나지 않습니다. 온라인은 오프라인과 달리 소비자는 내 상품에 대해 콘텐츠로 모든 걸 판단합니다. 아무리 내 상품이 좋더라도 그 것을 콘텐츠로 만들어 상세페이지에 넣지 않으면 보이지 않고, 보이지 않는 건 없는 것과 같습니다.

상품 상세페이지에는 우리는 '내 상품은 너의 문제를 이렇게나 잘 해결해줄 수 있어. 그리고 내 상품은 경쟁사 상품과 달리 이런 매력이 있어!'라고 강렬히 호소해야 합니다. 그래서 앞으로 소비자가 장바구니 담기를 클릭하고 싶게 만드는 전환 요소에 대해 알아봅니다.

만약 '객단가를 맞추지 않는다'고 가정해봅시다.

앞에서 유입, 전환을 몰라도 객단가는 판매자의 마음대로 바꿀 수 없다고 말씀드렸습니다. 그러나 소비자들에게 상위 옵션을 업 셀링함으로 객단가를 높여볼 수 있습니다. 기왕 상품을 팔 거라면 보다 고액에 팔거나, 많이 팔거나, 상위 옵션을 판다면 좋겠죠? 이처럼 객단가를 높이는 3가지 전략을 알려드립니다.

만약 '만족도를 맞추지 않는다'고 가정해봅시다.

만족도가 높은 상품은 광고비를 줄여도 입소문을 통해 상품이 팔립니다. 만족도가 보통이면 광고비를 계속 써야 합니다. 만족도가 낮은 상품은 아예 시장에서 퇴출당합니다. 우리가 판매자로 롱런하기 위해서는 상품 만족도가 높아야 합니다. 만족도는 스마트스토어에서 잘 팔릴 상품을 고르고 분석해서 콘텐츠를 만드는 과정에서 대부분 해결되긴 합니다.

우리가 참가한 스마트스토어 게임의 승리 조건은 경쟁사를 제치고 소비자의 선택을 받아 제품을 판매함으로 매출을 얻는 것입니다. 그 매출은 유입, 전환, 객단가에 의해 결정되었죠. 이 목적을 달성하기 위해 우리는 상품마다 소비자가 자연스럽게 구매하도록 소비자 구매경로 8단계에 맞는 마케팅 퍼널을 만들 것입니다.

혹시 지금까지 스마트스토어를 했는데 잘 안되었다면 이 8개의 마케팅 퍼널 중 키워드와 검색랭킹만 맞췄거나, 그 이상 했더라도 1~2개의 요소 정도만 더 신경 써서 퍼널을 맞춰서일 가능성이 높습니다. 도끼를 최대한 도로 갈지 않고 나무를 찍기 시작한 것이죠. 이번에는 질질 새는 틈 없이 철두철미하게, 전력을 기울여 상품을 놓고 8개의 퍼널을 조립해봅시다.

맞춰야 할 퍼널이 8개나 되다 보니 뭐부터 어떻게 해야 할지 감이 잘 안 오시죠? 퍼널을 맞추는 순서는 오른쪽 상단의 도표와 같습니다. 그리고 먼저 검색랭킹부터 공부할 것입니다. 다른 퍼널도 중요하긴 하지만 스마트스토어를 운영해야 하므로 가장 먼저 스마트스토어 자체에 대해 알아야 합니다.

다음으로 모든 마케팅의 출발점인 상품입니다. 먼저 승산을 높이기 위해 처음부터 잘 팔릴 상품을 고르는 눈을 기를 것입니다. 상품을 살펴보는 김에 겸사겸사 객단가를 높이는 여러 방법에 대해서도 알아볼 것입니다. 그다음 콘텐츠 제작에 앞서 시장조사를 해야 하고, 이를 하기 위해서는 키워드를 알아야 합니다.

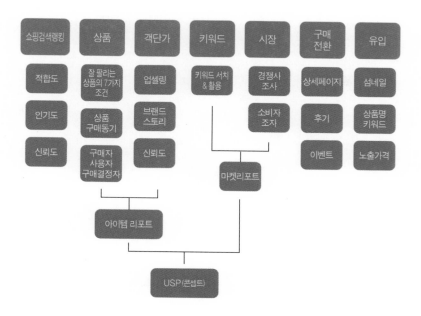

키워드에 관해 배우고 난 후에는 경쟁사 조사와 소비자 조사를 할 것입니다. 이 과정에서 만들어진 아이템 리포트와 시장 리포트를 종합해서 구매 전환을 만들어내는 콘텐츠 제작 방법을 배워볼 것입니다. 이 대목에서 가장 중요한 건 내 상품의 USP(Unique Selling Proposition)를 뽑고, 이를 콘셉트로 승화시키는 작업입니다.

이상의 작업을 통해 콘텐츠 제작이 완료되었다면? 우리는 나무를 찍기 위한 모든 준비가 끝났습니다. 마지막은 실전! 날카롭게 갈린 도끼로 나무를 찍어볼 것입니다. 그럼 얼른 검색랭킹부터 배우러 가볼까요?

PART 2

네이버에서는
네이버의 규칙에
따라야 성공합니다

네이버가 말하는 적합도, 인기도, 신뢰도란 무엇일까요?

일찍이 손자(孫子)는 '적을 알고 나를 알면 백 번 싸워도 위태롭지 않다'는 말을 남겼습니다. 우리가 운영하려는 건 자사몰이 아니라 스마트스토어입니다. 네이버에서 만든 쇼핑 플랫폼이죠. 따라서 네이버가 스마트스토어에 대해 어떻게 말하는지 귀 기울일 필요가 있고, 또한 네이버가 제시하는 규칙 안에서 행동해야 합니다.

스마트스토어 셀러인 우리가 가장 원하는 건 바로 '소비자가 내 상품 관련 키워드를 검색했을 때 내 상품이 최대한 높은 랭킹에 뜨는 것'입니다. 이 검색랭킹에 대해 네이버는 ① 검색랭킹 로직은 계속 업데이트되기에 시시때때로 변하며 ② 모든 비밀을 공개하면 악용의 여지가 있다는 이유 하에 정확한 상위노출 알고리즘을 공개하고 있지는 않습니다. 그러나 큰 그림 정도는 제시하고 있는데요.

'적합도, 인기도, 신뢰도'라는 알고리즘이 바로 그것입니다. 로마에 왔으면 로마법을 따라야 하는 법이지요. 스마트스토어를 운영하기 위해 네이버에 왔으면 이 적합도, 인기도, 신뢰도라는 네이버의 규칙을 따라야 합니다.

이 셋은 간단히 말하자면 다음과 같습니다. 적합도는 상품이 키워드와 얼마나 적합한가 따져서 적합도가 높으면 내 상품을 보다 상위 랭크에 걸어줍니다. 인기도는 상품이 고객에게 얼마나 많이 클릭 받는가, 구매가 일어나는가 등 고객의 선택을 많이 받는가를 의미합니다. 마지막으로 신뢰도는 상품이 진실되었는지, 판매자가 성실한지를 봅니다.

다시 말해 일단 적합도를 맞춰서 상품을 등록해야 내 상품이 상위 랭크에 등재되고, 그 상태에서 많은 클릭과 구매가 일어나면 적합도 점수에

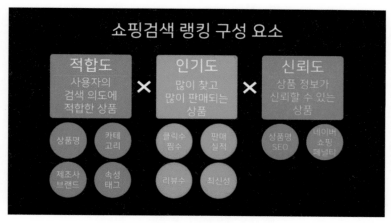

네이버가 제시하는 스마트스토어 상위노출 로직

인기도 점수가 곱해져서 점점 순위가 위로 올라갑니다. 여기에 더해 상품에 거짓이나 하자가 없고 판매자도 성실하게 고객 응대를 하여 신고가 누적될 일이 없으면, 신뢰도 역시 합격점이 주어져 상위 랭크를 유지할 수 있는 구조입니다.

그럼 먼저 적합도를 살펴보겠습니다. 앞 페이지의 이미지를 보면 적합도에는 '상품명, 카테고리, 제조사/브랜드, 속성, 태그'라는 5가지 하위 항목이 있죠? 이렇게만 보면 뭘 의미하는 건지 잘 와닿지 않습니다만, 이 5가지는 실체가 있습니다. 그것은 바로 스마트스토어 상품 등록 칸에서 확인이 가능합니다. 스마트스토어 판매자센터에 로그인한 다음 상품 관리·상품 등록으로 들어가 볼까요?

카테고리 • ⑦

| 카테고리명 검색 | 카테고리명 선택 | 카테고리 템플릿 | 템플릿 추가 |

카테고리명 입력

출산/육아>인형>봉제인형

출산/육아>유아동잡화>가방>백팩

출산/육아>스킨/바디용품>어린이네일케어

생활/건강>수집품>모형/프라모델/피규어>피규어

스포츠/레저>보호용품>무릎보호대

생활/건강>자동차용품>세차용품>유리코팅제

상품 카테고리 등록

상품 등록에 들어가면 맨 앞부터 카테고리를 발견할 수 있습니다. 다들 알고 계시겠지만 스마트스토어에 등록된 모든 상품은 카테고리를 갖고 있습니다. 옆 페이지의 사진에서 초록색 표기된 부분을 보면 출산/육아>인형>봉제인형 이렇게 대(출산/육아) 중(인형) 소(봉제인형) 3단 카테고리를 갖고 있네요.

그 아래를 보면 출산/육아>유아동잡화>가방>백팩으로 대(출산/육아) 중(유아동잡화) 소(가방) 세(백팩) 4단 카테고리도 있습니다. 모든 상품은 이처럼 3단 또는 4단 카테고리를 갖고 있습니다.

내가 사용하려는 키워드를 네이버 쇼핑에 검색하면 카테고리를 확인할 수 있는데, 상품명에 들어갈 키워드는 모두 대>중>소까지 카테고리가 같은 키워드만 써야 합니다. 세는 달라도 괜찮습니다. 키워드를 잘 뽑아도 이 카테고리 확인을 놓치면 적합도 점수가 깎여서 낮은 랭크에 상품이 걸리게 됩니다.

상품명을 보면 0/100으로 되어 있어서 100자를 입력할 수 있는 것처럼 보이지만, 실제로는 50자 안으로 지어야 합니다. 이 50자 안에 들어갈 키워드는 일단 검색량이 어느 정도 있어야 하고, 내 상품과 결이 맞아야 하며, 넣을 키워드는 전부 대>중>소 카테고리가 일치해야 합니다.

상품명 등록

50자 제한이 걸려있기 때문에 상품명을 지을 땐 한 글자 한 글자가 소중한데요. 은/는/이/가 같은 조사는 넣을 필요가 없고, 띄어쓰기를 하면 키워드 구분이 됩니다. 모델명을 넣는 게 아니라면 영어를 쓸 필요는 없고 숫자는 아라비아 숫자로 표기해야 하며, 특수문자와 기호도 넣지 않는 편이 좋습니다. 또한 브랜드명, 제조사명, 상품명, 판매자명은 중복해서 쓸 확률이 높으니 중복 키워드가 없게끔 검토해야 합니다.

만약 생수병처럼 용량 표기가 필요한 상품이라면 30ml, 50ml 정확하게 표기해 줘야 합니다. 2L 생수병 묶음을 보내준다면 2L 생수병 36개 등 숫자를 정확하게 넣어야 합니다. 상품명에는 어디까지나 상품 자체에 대한 키워드만 넣어야 하며, 프로모션 혜택 같은 건 전부 제외합니다.

모델명, 브랜드, 제조사 등록

브랜드 제조사를 다 채우면 네이버 쇼핑에서 상품을 살 때 여러 속성을 선택하는 이들에게 노출될 기회가 늘어납니다.

예를 들어 남자 신발을 살 때 '나는 남성스니커즈 카테고리의 나이키

구체적인 옵션으로 상품을 찾는 소비자들

브랜드에 하얀색 캔버스 신발인데 가격은 70,000~120,000원 대의 상품을 사겠어!'라고 구체적으로 옵션을 넣어서 상품을 찾는 사람이 있습니다. 그냥 신발이라고 검색하면 상품이 8,000만 개가 넘게 뜨는데, 해당 속성을 다 넣으면 상품은 총 47개가 됩니다. 내가 신발을 판다면 8,000만 개보다는 47개에서 노출 확률이 더 높겠죠?

물론 저렇게까지 딱 집어서 옵션을 고르는 사람은 잘 없겠지만, 옵션을 선택할 때마다 상품 가짓수가 확 줄어드는 건 사실이기에 제조사와 브랜드 칸을 다 채우면 노출 기회가 많아진다고 네이버 측에서는 설명합니다.

그런데 여기에는 한 가지 선택지가 있는데요. 이걸 곧이곧대로 입력하면 내 상품이 가격 비교에 묶여서 노출되는 상황이 종종 생깁니다. 가격 비교에 묶이면 내가 상품명에 넣은 키워드가 아니라 네이버가 지정한 키워드로만 노출이 됩니다. 그리고 브랜드를 운영할 때도 문제가 될 때가 있습니다. 저는 '바툼'이라는 브랜드의 브랜드 매니저로 일하고 있는데요. 바툼은 종합 생활 가전 브랜드로 기획했고 그 출발선으로 처음에는 난방 용품을 제조해서 상품을 등록했습니다. 그러다가 청소기를 제조했는데 브랜드에 바툼을 넣자 네이버가 청소기는 난방용품이 아니라고 노출시켜주지 않았습니다. 저희는 바툼을 생활 가전 브랜드로 생각하고 있었지만, 네이버는 그동안 바툼이라는 브랜드명으로 난방용품이 많이 등록되었으니 바툼을 난방용품 브랜드로 생각하고 있었던 것이죠. 이 일을 겪은 이후로 저는 브랜드명에 바툼을 빼고 상품등록을 한 적도 있습니다.

그래서 제조사 브랜드를 입력하느냐 마느냐는 개개인의 상황에 따라 다릅니다. 가전, 의류, 화장품 등 어떤 카테고리는 가격 비교에 묶인 걸 우선적으로 노출시켜주기도 합니다. 가격 비교로 묶인 상품은 최저가가 클릭을 받기에 내가 최저가 공급이 가능하다면 일부러 가격 비교로 묶어버리는 것도 한 가지 전략입니다. 반대로 가격 비교를 피해 단일 상품으로 노출하면서 세부 키워드로 판매할 거라면 제조사 브랜드를 빼는 것도 좋을 수 있습니다.

검색설정 ⑦

태그 ⑦   ☐ 태그 직접 입력(선택포함 최대 10개)

입력하신 태그 중 일부는 내부 기준에 의해검색에 노출되지 않을 수 있습니다.
카테고리/ 브랜드/ 판매처명이 포함된 태그의 경우는 등록되지 않습니다.
판매상품과 직접 관련 없는 태그를 입력 시 판매금지될 수 있습니다.
입력한 태그가 검색에 활용되는 지 궁금하다면? 검색에 적용되는 태그 확인

Page Title ⑦

Meta description ⑦

태그와 메타디스크립션 등록

상품명에서 넣지 못한 키워드를 태그에 넣어줍니다. 이때 주의점은 태그사전에 등록된 키워드만 넣어야 합니다. 태그는 최대 10개까지 등록할 수 있습니다. 밑에 있는 메타디스크립션에는 SNS에 노출할 키워드를 넣어줍니다. 이렇게 상품명, 태그, 메타디스크립션에 키워드를 적절히 배치해줌으로써 적합도 점수를 높게 받으면 소비자가 키워드로 검색했을 때, 내 상품이 상위에 랭크됨으로 더 많은 노출 기회가 보장됩니다.

여기까지만 봐도 키워드가 얼마나 중요한지 아시겠죠? 지금은 적합도 지수를 설명하기 위해 잠깐 상품등록 화면을 보여드렸는데, 실제로 키워드를 뽑아 상품을 등록하는 자세한 과정은 뒤에서 설명하겠습니다.

판매자센터에서 상품 등록을 마치면 소비자들은 검색을 시작할 것입니다. 그때 내 상품은 소비자에게 이런 식으로 보이게 됩니다. 가장 먼저 섬네일(대표 이미지)이 눈에 띄네요. 그다음으로 상품명과 노출 가격이 보입니다. 앞 장에서 말씀드린 상품의 첫인상 기억나시죠? 이 '섬네일, 상품명, 노출 가격'은 유입의 3요소로 상품의 첫인상을 담당합니다. 이 셋을

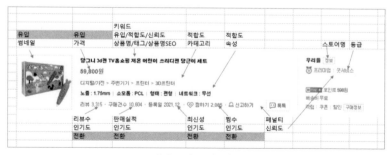

모델명, 브랜드, 제조사 등록

잘 만들어야 클릭을 받을 수 있습니다. 특히 상품명의 역할이 중요한데 '당그니 3d펜 TV 홈쇼핑 저온 어린이 쓰리디펜 당근'이 '세트'로 되어있죠? 여기서 발견할 수 있는 조합 키워드는 이렇습니다.

- 당그니3d펜, 당그니쓰리디펜, 당근이3d펜, 당근이쓰리디펜
- 어린이3d펜, 어린이쓰리디펜
- 저온 3d펜, 저온쓰리디펜
- 3d펜세트, 쓰리디펜세트

누군가 네이버에서 위의 키워드를 검색할 때 상품명, 태그가 검색창에 당그니3d펜을 보여주는 역할을 담당합니다. 상품명과 아래를 보면 디지털/가전＞주변기기＞프린터＞3D프린터라고 카테고리가 있습니다. 노즐 : 1.57mm, 소모품 : PCL, 형태 : 펜형, 네트워크 : 무선이라고 상품 속성도 나와 있네요. 그렇습니다. 앞서 상품 등록 화면에서 다 보였던 것들이죠. 이 상품명, 카테고리, 상품 속성이 바로 적합도에 해당합니다.

내 상품과 딱 맞는 카테고리, 상품 속성을 넣고 카테고리가 디지털/가전＞주변기기＞프린터＞3D프린터로 일치하는 키워드를 모아 50자 이내의 상품명을 만들면 적합도 점수를 높게 받아 상위에 랭크됩니다.

속성 아래를 보면 '리뷰, 구매 건수, 찜하기'가 있습니다. 앞에서 적합도, 인기도, 신뢰도의 구성요소를 도표로 보여드렸죠? 인기도의 하위 항목으로 클릭 수, 찜 수, 판매 실적, 리뷰 수, 최신성이 있었습니다. 리뷰 수

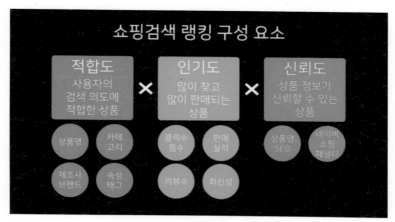

네이버가 제시하는 스마트스토어 상위노출 로직

3,315가 바로 인기도의 리뷰 수고, 구매 건수가 바로 인기도의 판매실적입니다. 찜하기 2,085가 바로 인기도의 찜 수고요.

지금까지 말한 인기도의 공통점이 보이시나요? 적합도가 사용자의 검색 의도에 적합한 상품이라면 인기도는 많이 찾고 많이 판매되는 상품입니다. 사람들이 많이 찾고 많이 판매되는 상품이려면 당연히 클릭을 많이 받아야 하고, 많이 팔려서 판매실적이 좋아야 할 것이며, 찜 수와 리뷰 수도 많아야겠죠.

앞서 설명했듯 클릭 수를 많이 받기 위해서는 상품명에 소비자가 찾는 키워드가 있어야 '이거다!' 하고 클릭합니다. 노출 가격이 경쟁사보다 저렴하면 클릭 확률이 올라갑니다. 또한 경쟁사 상품보다 섬네일이 차별화가 되면 클릭합니다. 다른 상품과 다르게 뭔가 한번 클릭해 보고 싶은 충동을 자극하는 섬네일이어야 합니다. 이 3가지를 잘 만드는 방법도 뒤에서 설명하겠습니다.

찜 수는 인기도에서 비중이 줄어들었습니다. 한때 대행사가 찜 수를 늘려서 상품을 위로 올리는 꼼수가 유행했었거든요. 그래도 찜 수가 많다는 건 소비자 구매경로의 비교&검토 단계에서 일단 내 상품이 살아남았다는 걸 의미합니다. 먼저 찜 해놓고 다른 경쟁사 상품도 둘러보고 온 다음 최종적인 판단을 내리겠다는 것이죠. 그래서 찜을 받는다는 건 그만큼 내 상품이 경쟁력이 있다는 뜻이 됩니다.

'리뷰가 많이 달린다'는 것은 그만큼 인기 있고, 상품 만족도도 높다는 의미가 되죠. 특히 일반 리뷰보다 사진과 동영상이 들어간 프리미엄 리뷰가 많을수록 인기도 점수에서 플러스를 받습니다.

판매 실적은 말 그대로 물건이 잘 팔려야 합니다. 인기도에서 가장 비중이 큰 요소입니다. '잘 팔린다'는 말은 소비자가 좋아하는 상품이고, 네이버는 자기 플랫폼 안에 소비자가 좋아하는 상품이 최대한 많기를 바랍니다. 잘 팔리기 위해서는 상세페이지가 좋아야 하고, 좋은 후기가 많아야 하며, 이벤트를 통해 지금 바로 사게 만들어야 합니다. 이 각각에 대해서도 뒤에서 설명하겠습니다.

여기서 또 알아야 할 점은 판매실적은 오늘 기준으로 30일 전, 7일 전, 2일 전으로 반영된다는 것입니다. 이 중 최근 2일이 가장 반영도가 큽니다. 즉, 최근 2일 동안 내 상품이 많이 팔렸다면 인기도 지수가 크게 부스팅 받아서 갑자기 내 상품이 확 치고 올라가기 시작합니다. 반대로 최근

2일 동안 내 상품 판매실적이 저조한데 경쟁사가 많이 팔았다면, 경쟁사 상품이 내 상품을 추월합니다.

클릭 수, 찜 수, 판매 실적, 리뷰 수는 직관적으로 이해가 되는데 그렇다면 '최신성'은 무엇일까요? 당그니 3d펜 사진을 보면 등록일 2021년 12월이 최신성으로 되어 있습니다. 네이버는 신규 등록 상품에 최신성이라는 보너스 점수를 줘서 신규 상품을 우선 노출해 줍니다.

이 점이 스마트스토어가 다른 오픈마켓과 다른 점인데요. 대부분 오픈마켓은 이 최신성 보너스가 없습니다. 아주 옛날에 상품을 등록했건, 오늘 막 상품을 등록했건 판매량이 많은 상품을 최우선적으로 노출시켜줍니다. 수수료를 가장 많이 가져가기 위해서죠. 신규 상품의 경우 광고비를 쓰면 상위노출을 할 수 있는데, 광고로 상품이 많이 팔리면 순위가 올라가는 구조입니다.

그런데 네이버는 수수료를 좀 덜 벌더라도 신규 상품에 기회를 줍니다. 왜? 새로운 상품 중에 기존 상품보다 더 소비자가 만족하는 상품이 있을 거라는 가능성을 보기 때문입니다. 이런 가능성을 배제하면 좋은 상품을 가진 사람이 스마트스토어에 상품을 등록했는데 기존 상품만 노출되고, 신규 상품이 노출되지 않으면 '여기는 경력직만 잘 팔리는 곳인가 보다. 나 같은 신입에게는 기회조차 없네…' 하고 떠날 것이 뻔하니까요.

지금 여기가 검색랭킹에서 가장 중요한 대목입니다. 상품 랭킹은 적합도, 인기도, 신뢰도가 복합적으로 어우러져서 결정된다고 했죠? 만약 여러분이 내 상품에 관련해서 올바른 키워드(상품명)와 카테고리를 정하고 제조사/브랜드, 속성, 태그까지 제대로 입력해서 상품을 등록했다고 가정해보겠습니다. 그러면 적합도 점수는 다 채웠고 거기에 인기도의 최신성이 반영되어서 아무리 검색량이 많은 키워드라도 기본적으로 4~5페이지 안에는 노출됩니다.

만약 여기서 카테고리를 틀렸다거나, 내 상품과 결이 안 맞는 키워드를 상품명으로 썼다거나, 상품명에 들어간 키워드가 카테고리가 다르다거나, 기타 제조사/브랜드 속성 태그에 잘못된 정보를 써넣으면 아무리 최신성 보너스가 있다 하더라도 적합도 부분에서 깎이고 시작하기에 4~5페이지보다도 밑단에 노출됩니다.

여기까지가 적합도와 최신성의 역할이고 4~5페이지에서 1페이지로 치고 올라가기 위해서는 '인기도의 클릭 수, 찜 수, 리뷰 수, 판매 실적'이 나와야 합니다. 이 중 가장 중요한 것이 '판매 실적'입니다. 상품이 팔릴 때마다 판매 실적 점수가 높아져서 내 상품이 점점 상위 랭킹으로 올라가는 것이죠.

아마도 이 대목에서 "잠시만요! 그럼 결국 등록 이후 상품이 팔려야 인기도 점수에 힘입어 1페이지로 올라갈 수 있다는 말인데, 적합도를 잘 맞춰도 첫 시작은 4~5페이지인데 어떻게 팔릴 수 있죠?" 하는 생각이 들 수 있습니다. 그래서 우리는 상품명(키워드)을 잘 정해야 합니다.

키워드에는 경쟁이 치열한 대표 키워드가 있고, 경쟁이 상대적으로 덜 치열한 세부 키워드가 있습니다. 먼저 보여드린 당그니 3d펜의 경우 '3d펜' 키워드는 가장 검색량이 많은 대표 키워드입니다. '어린이3d펜, 저온3d펜, 3d펜세트' 같은 키워드는 3d펜보다는 검색량이 적은 세부 키워드죠.

대표 키워드에서 4~5페이지에 걸린다는 말은 경쟁이 치열하지 않은 세부 키워드에서는 충분히 1~2페이지에 걸릴 수 있다는 의미입니다. 상품 등록 이후 처음에는 세부 키워드에서 상품이 1~2개씩 팔려나가기 시작합니다. 그러면서 판매 실적의 부스팅을 받아 대표 키워드에서도 점점 순위가 올라가기 시작해 많은 사람들이 보게 되고, 이윽고 대표 키워드에서도 상품이 팔리기 시작하는 것입니다.

적합도와 인기도가 중요하다는 사실이 확 체감되시죠? 그렇다면 신뢰도는 어떤 역할을 하는 걸까요? 하위 항목을 보면 상품명 SEO와 네이버 쇼핑 페널티 둘이 있습니다. 당그니 3d펜 사진을 보면 신고하기 버튼이 있죠? 소비자들은 상세페이지를 보고 상품을 사는데 상세페이지에서 하는 말과 상품이 전혀 다르다면 신고를 할 것입니다. 그러면 쇼핑 페널티가 쌓입니다.

상품명 SEO는 뭘까요? 상품명을 지을 때 내 상품과 직접적으로 관련된 정보만 넣어서 작성하라는 것입니다. 예를 들어, 내 상품 브랜드가 바툼인데 다른 검색량이 높은 브랜드의 키워드를 넣는다거나, 제목으로 이목을 끌어보겠다고 상품과는 무관한 프로모션 혜택 혹은 최상급 표현(국내 최초, 최대, 유일)을 넣는 것입니다. 하지만 적합도를 제대로 지킨 상품명이라면 크게 걱정할 건 없습니다.

쇼핑 페널티는 상식적인 선을 지키면서 정직하게 장사하면 됩니다. 예를 들어 불법적인 상품을 올린다거나, 유명한 상품을 카피한 가짜 상품을 올린다거나 하면 안 되겠죠. 그 외에도 배송을 제때 안 해준다거나, 소비자 불만이 많아도 페널티가 누적됩니다.

스마트스토어 판매자센터 메인을 보면 판매 페널티와 톡톡 응대 현황이 있습니다. 고객이 톡톡으로 문의하는데 바로바로 답변을 안 해도 역시 신뢰도가 하락합니다. 즉, 적합도와 인기도로 내 상품을 상위에 노출하더라도 판매자가 배송일자 등 기본을 지키지 않아서 옐로카드를 받으면 신뢰도가 깎여 순위가 내려가고, 심한 경우 레드카드를 받아 상품 자체가 내려갈 수 있습니다.

판매자 센터에서 확인할 수 있는 판매 패널티

스마트스토어 셀러인 우리가 가장 원하는 건 바로 '소비자가 내 상품 관련 키워드를 검색했을 때 내 상품이 최대한 높은 랭킹에 뜨는 것'입니다. 이 검색랭킹에 대해 네이버는 ① 검색랭킹 로직은 계속 업데이트되기에 시시때때로 변하며 ② 모든 비밀을 공개하면 악용의 여지가 있다는 이유 하에 정확한 상위노출 알고리즘을 공개하고 있지는 않습니다. 그러나 큰 그림 정도는 제시하고 있는데요.

'적합도, 인기도, 신뢰도'라는 알고리즘이 바로 그것입니다. 로마에 왔으면 로마법을 따라야 하는 법이지요. 스마트스토어를 운영하기 위해 네이버에 왔으면 이 적합도, 인기도, 신뢰도라는 네이버의 규칙을 따라야 합니다.

PART 3

팔릴 상품을
고르는 것부터가
판매 실력입니다

잘 팔릴 상품을 고르는 것, 그것이 성공의 첫 번째 조건입니다

능서불택필(能書不擇筆)이라는 말이 있습니다. "글씨를 잘 쓰는 사람은 붓을 가리지 않는다"라는 뜻인데요. 알기 쉽게 말하자면 '진정한 고수는 연장을 가리지 않는다'라고 해석할 수 있겠습니다. 실제 많은 분야에서의 프로는 장비가 나빠도 일정 수준 이상의 퍼포먼스를 냅니다. 그렇다면 이 고사성어는 스마트스토어에도 그대로 적용될 수 있을까요?

안타깝지만 제 경험상 그렇지 않았습니다. 판매자의 역량도 중요하지만, 그 이상으로 상품이 무엇이냐가 승패에 관여하는 비중이 컸습니다. 물론 《바로 매출이 오르는 판매 마케팅 법칙》에서 설명했던 것처럼 저는 하나도 안 팔리던 상품을 콘셉트 리 포지셔닝을 통해 히트 상품으로 변모시킨 적이 있긴 합니다. 그러나 이 역시 해당 상품이 콘셉트 리 포지셔닝을 할 수 있는 기본적인 상품력이 있었기에 가능했던 일입니다.

서예의 대가는 붓을 탓하지 않는다? 스마트스토어 상품 판매에 있어서 만큼은 전 이렇게 말하고 싶습니다. "잘 팔릴 상품을 고르는 것부터가 스마트스토어 셀러의 실력이다"라고 말이죠.

유튜브를 시작할 때 처음부터 비싼 카메라를 사지 말고 일단 스마트폰으로 시작하라고 하죠? 그와 반대로 스마트스토어에 있어서는 어떤 상품으로 시작하느냐가 굉장히 중요합니다. 상품은 스마트스토어의 첫 단추와도 같습니다. 여러분이 와이셔츠를 입는다고 생각해 볼까요? 단추를 맨 끝까지 잠가 보고 나서야 한 칸씩 밀리게 채웠다는 사실을 알게 되었습니다. 첫 단추를 잘못 잠갔으니 결국 지금까지 채운 단추도 전부 풀고 처음부터 다시 단추를 채워야 합니다.

상품도 마찬가지입니다. 처음부터 잘 될 상품을 골랐다면 이후 마케팅 퍼널도 자연스럽게 맞춰져서 바로 매출이 올라갑니다. 그런데 처음부터 경쟁력 없는 상품을 골랐다면 판매 마케팅에 애로사항만 쌓입니다. 퍼널을 다 맞추고 광고비까지 썼는데도 성과가 시원찮아서 콘셉트나 키워드를 바꿔보고, 상세페이지를 바꿔보며, 섬네일을 바꿔보고 이런저런 변화구를 던져보지만, 기대한 만큼의 성과가 나오지 않아 결국 상품을 내리고 다른 상품을 찾는 낭패를 겪을 수 있습니다.

많은 판매자가 실수하는 부분이 하나 있습니다. 자기가 가진 상품을 전부 스토어에 등록하려고 하는 것이지요. 대충 등록하는 거라면 모를까, 앞에서 마케팅 퍼널과 적합도, 인기도, 신뢰도의 개념을 배운 여러분이라면 '제대로' 상품을 등록하는 게 마냥 쉬운 일이 아니라는 사실을 아셨을 것입니다.

우리는 한정된 시간과 에너지를 최대한 현명하게 사용해야 합니다. 최소의 투입(인풋)으로 최대의 결과물(아웃풋)을 얻어야 하는거죠. 그러기 위해서는 가진 상품을 닥치는 대로 등록할 것이 아니라 먼저 상품과 시장을 분석해서 인기 스타가 될 가능성이 보이는 상품 하나를 집중적으로 밀어주어야 합니다. 제가 1년에 10개 이하의 상품을 팔아 스마트스토어 프리미엄 등급에 올라갈 수 있었던 이유도 이런 히트 상품의 싹이 보이는 상품에 자원을 집중포화 한 덕분입니다.

저는 아무 상품이나 팔지 않습니다. 주변 제조사, 유통사 인맥을 통해 1년에 약 100개 상품 판매 제안을 받는데요. '이 상품이 온라인에서 팔기 적합한가? 스마트스토어로 팔기 적합한 상품인가?'와 같이 검토하는 저만의 체크리스트가 있습니다. 100개 상품 중 여기에 부합하는 상품 10개를 추려내 집중 판매함으로 매해 연 매출 100억 원을 만들고 있습니다. 바로 다음 장부터 될 상품 고르는 저만의 기준을 알려드릴 것입니다.

그렇게 판매가 잘 될 상품을 골랐다면 이 상품의 가능성을 최대한 끌어내기 위해 상품 분석에 들어갑니다. '소비자의 구매 동기는 무엇인가?' '구매자, 사용자, 구매결정자는 누구인가?' '브랜드 스토리나 옵션을 추가해 객단가를 높여볼 방법은 없을까?' '가격은 얼마를 받을 수 있으며 마진은 괜찮나?' '신뢰할 수 있는 요소는 얼마나 될까?' 등등… 이런저런 궁리를 하면서 아이템 리포트를 작성합니다.

스마트스토어는 상품으로 시작해 상품으로 끝난다고 해도 과언이 아닙니다. 먼저 내 상품부터 제대로 알아야 뒤이어 시장조사가 끝난 후에 어떤 식으로 소비자가 들어와 자연스럽게 구매로 이어지는 퍼널을 구축할지 그림이 그려집니다. 지금부터 상품 제대로 고르는 법을 알아보도록 하겠습니다.

잘 팔리는 상품의 7가지 조건은 이렇습니다

가장 먼저 제가 상품을 고르는 7가지 조건에 대해 말씀드리겠습니다.

잘 팔리는 상품의 조건 7가지

CHCEK 1	나와의 관련성
CHCEK 2	대중성
CHCEK 3	노출 기회
CHCEK 4	트렌드
CHCEK 5	고관여 상품
CHCEK 6	매력적인 차별화
CHCEK 7	임팩트

7가지라고 해서 7가지 요소를 전부 가진 상품만 고른다는 건 아닙니다. 애초에 그런 대박 상품은 보기도 힘들고요. 그래도 경험상 7가지 포인트를 최대한 많이 가진 상품이 승률이 높았습니다. 바로 1번부터 알아볼까요?

나와의 관련성 (내가 좋아하고 잘 아는 상품인가?)

첫 조건은 상품과 나와의 관련성입니다. 내가 좋아하고 잘 아는 상품으로 시작하는 것이 좋습니다. 돈을 벌기 위해서라면 내가 잘 모르고 관심 없는 상품도 괜찮지 않으냐고요? 상품을 팔다 보면 소비자들이 네이버 톡톡, 게시판으로 상품에 관해 이런저런 질문을 남깁니다. 이때 내가 상품에 정말 관심이 있고, 공부한 상품이라면 그 자리에서 바로바로 답변을 남길 수 있습니다. 그런데 내가 별로 좋아하지도 않고 관심도 없는 상품이라면 질문이 들어올 때마다 제조사에 문의해서 답변해야 하겠지요. 그럼 그러한 답변이 지연되는 사이에 소비자는 다른 상품으로 가버립니다.

QnA를 남긴다는 건 소비자가 '구매할까? 말까?' 마지막 갈림길에 선 상태입니다. 재빠르게 응대하면 상품을 하나 더 팔 기회입니다. 또 내가 좋아하고 관심이 가야 상품 이해도가 높아서 구매 전환이 일어나는 팔리는 콘텐츠를 제작할 수 있습니다. 반면에 내가 팔면서도 '남들은 이런 걸 대체 왜 사는 거지?'라는 마인드를 갖고 있으면 상품과 소비자에게 공감이 가지 않으니까 콘텐츠 제작이 힘들어집니다.

물론 판매하다 보면 무조건 내가 좋아하고 잘 아는 상품만 진행할 순

없습니다. 저는 여아 장난감이나 주부들이 쓰는 생활용품을 판매할 일이 많은데요. 사실 제가 남성이다 보니 여성의 마음을 잘 몰라 100% 공감이 가지 않으니 여성들이 쓰는 상품은 이해도가 떨어질 수밖에 없습니다. 그런데도 많이 팔 수 있는 이유는 제가 잘 아는 상품은 아니라도 최소한 제가 싫어하거나 관심 없는 상품이 아니라서 그렇습니다.

저는 아내와 두 딸이 있기에 가족에게 도움이 되는 상품이라면 저 역시 흥미를 갖고 연구하게 됩니다. 가족이나 회사 직원들에게 상품을 나눠주고 사용 후기, 감상, 평가를 들으면서 저도 같이 상품에 관해 공부하기도 하고요. 그러니 다소 이해도가 부족한 분야의 상품이더라도 최소한 내가 흥미를 갖고 공부할 수 있는 상품으로 출발하는 게 좋습니다.

대중성(시장이 형성된 카테고리 상품인가?)

스마트스토어를 시작하면서 '지금 웬만한 분야는 이미 다 1등 상품이 있으니 레드오션이야… 나는 여태까지 아무도 개척하지 않은 블루오션을 겨냥해 시장을 독식하겠어!'라고 생각하는 분이 계실지도 모르겠습니다. 그러나 스마트스토어는 다소 경쟁이 있더라도 대중성 있는 카테고리가 차라리 더 낫습니다. 소비자 구매경로를 말씀드릴 때 버거킹 같은 대기업이라면 모를까 자본력이 부족한 우리는 자연적으로 발생하는 주의와 흥미를 이용해야지, 직접 주의와 흥미를 만들려고 해서는 안 된다고 했었죠? 상품 중에서는 시장이 아예 없거나, 시장이 너무 작게 형성된 경우가 있습니다. 모든 상품은 카테고리를 갖고 있는데, 네이버에서 그 카테고리로 검색하는 사람이 한 달에 50명, 100명 남짓한 것이죠.

전체추가	연관키워드 ⑦	월간검색수 ⑦		월평균클릭수 ⑦		월평균클릭률 ⑦		경쟁정도 ⑦ ⇕	월평균노출 광고수 ⑦ ⇕
		PC ⇕	모바일 ▾	PC ⇕	모바일 ⇕	PC ⇕	모바일 ⇕		
추가	무릎보호대	15,400	96,700	87	1,714.8	0.65 %	1.99 %	높음	15
추가	등산무릎보호대	1,240	8,580	3.7	77.5	0.33 %	1.11 %	높음	15
추가	헬스무릎보호대	1,120	6,810	5.6	99.3	0.59 %	1.62 %	높음	15
추가	아국무릎보호대	170	1,350	0.7	17.3	0.49 %	1.43 %	높음	15
추가	무릎보호대추천	700	3,610	5.8	104	0.97 %	3.26 %	높음	15
추가	등산등무릎보호대	290	1,710	2.5	40.3	1.03 %	2.56 %	높음	15
추가	헬스등줄	1,470	4,710	21.3	97.2	1.58 %	2.26 %	높음	15
추가	축구무릎보호대	390	1,470	2.8	25.8	0.70 %	1.87 %	높음	15
추가	테이핑무릎보호대	130	1,050	0.9	36	0.69 %	3.63 %	높음	15
추가	러닝무릎보호대	220	4,170	0.9	11.5	0.47 %	0.42 %	높음	15
추가	등산무릎보호대추천	160	570	1.3	11.8	0.90 %	2.42 %	높음	15
추가	무릎아대	480	2,410	2.4	50	0.52 %	2.30 %	높음	15
추가	댄스무릎보호대	90	630	0.6	17.3	0.74 %	3.13 %	높음	15
추가	우릎관절보호대	180	3,860	0.6	42.5	0.40 %	1.18 %	높음	15
추가	무릎보조기	630	4,030	2.9	36.8	0.51 %	0.97 %	높음	15
추가	나을리브	1,170	4,590	2.7	30.5	0.26 %	0.75 %	높음	15

무릎보호대 시장

예를 들어 무릎보호대는 보시다시피 상품 관련해서 키워드가 정말 다양하고 각 키워드마다 검색량도 넉넉합니다. 사람들이 무릎보호대에 대해 잘 알고, 필요하니까 많이 검색하는 거죠. 시장이 크게 형성된 상품이라는 뜻입니다.

전체추가	연관키워드 조회 결과 (21개)	월간검색수 ⑦	
	연관키워드 ⑦ ⇕	PC ⇕	모바일 ⇕
추가	전자챈지뚜껑	160	1,500
추가	전자레인지뚜껑	240	1,780

전자레인지 뚜껑 시장

반대로 전자레인지 뚜껑은 상품 관련 키워드가 딱 2개밖에 없고 그마저도 검색량이 2000회가 될까 말까 한 수준입니다. 혹시 여러분 중 전자레인지 뚜껑을 쓰고 계신 분이 있으신지요? 쓰기는커녕 '전자레인지 뚜껑'이란 상품을 오늘 처음 들어본 분이 더 많으실 겁니다. 대중에게 생소하기에 키워드 검색량도 적을 수밖에요.

이런 상품은 소비자 구매경로를 통한 자연 판매에 한계가 있습니다. 키워드 검색량이 적은 상품을 온라인으로 더 많이 팔려면 네이버 GFA 광고, 페이스북 & 인스타그램 광고, 구글 이미지 배너 광고, 유튜브 광고로 노출해야 하는데, 이런 디스플레이 광고는 비용도 비용이지만 웬만큼 마케팅을 잘 아는 마케터들도 어려워하는 분야입니다.

그런데 이미 카테고리 검색량이 많은 상품은 시장이 형성되어 있으니까 적합도 점수를 잘 맞춰 상품을 등록하고 쇼핑 검색광고만 걸어줘도 상품이 잘 팔려나갑니다. 마케팅 전문성이 다소 부족해도 누구나 실천할 수 있는 판매 방식이죠. 한 마디로 키워드를 직접 만드는 것보다는 이미 만들어진 키워드를 이용해서 파는 게 더 쉽다는 말입니다.

노출 기회 (세부 키워드가 많은 상품인가?)

'노출 기회가 많다는 게 무슨 말이지?'라는 생각이 드실 수 있는데요. '50자 이내로 지어야 하는 상품명에 세부 키워드를 최대한 많이 넣을 수 있는 상품이 좋다'는 의미입니다. 세부 키워드가 많을수록 여러 사람에게 내 상품을 보여줄 수 있는 노출 기회가 많다는 말이죠.

당연히 그 세부 키워드도 어느 정도 검색량이 있어야겠죠? 즉, 대중성으로 전체적인 상품 검색량도 많으면서, 노출 기회가 많아 세부 키워드도 많은 상품이 스마트스토어 판매에 유리하다는 것입니다.

여러 상품을 다뤄보시면 아시겠지만 상품 중에서는 전체 검색량은 많은데 그 검색량 태반이 대표 키워드에 몰려있고, 세부 키워드가 거의 없는 상품도 있습니다. 반면에 검색량도 많으면서 세부 키워드도 풍부한 상품이 있습니다. 이런 상품이 스마트스토어로 팔기 딱 좋은 상품입니다.

왜 그럴까요? 적합도, 인기도, 신뢰도의 공식을 다시 한번 떠올려봅시다. 우리가 한 상품에 대해 상품명, 카테고리, 태그를 잘 맞추고 거짓 없이 제조사/브랜드, 속성 정보를 입력하면 적합도 만점을 받습니다. 거기에 인기도의 최신성 보너스가 더해져서 대표 키워드는 4~5페이지 정도에 노출되고, 경쟁이 덜 치열한 세부 키워드는 1~2페이지에 노출된다고 했습니다.

아무리 검색량 많은 대표 키워드라도 4~5페이지까지 내려가서 상품을 사는 이는 몇 명 없지만, 세부 키워드로는 들어와서 1~2페이지에 있는 내 상품을 발견하고 사람들이 구매하기 시작할 것입니다. 구매 전환 관련 퍼널을 제대로 끼워서 맞췄다면 말이죠. 그러면 인기도의 판매실적이 작동해서 점점 랭킹이 오르기 시작하고 이윽고 대표 키워드에도 1페이지 상위에 올라오게 됩니다.

이것이 가능한 이유는 제아무리 해당 카테고리 1등 상품이라 하더라도 상품명을 50자 이내로 지어야 한다는 제약은 우리와 같습니다. 애초에 세부 키워드가 많은 카테고리라면 경쟁사들도 어쩔 수 없이 못 넣은 세부 키워드가 있기 마련이고, 우리는 그 키워드에서 상위를 차지해 판매실적을 쌓아 1페이지까지 치고 올라갈 수 있는 것입니다.

아무리 대표 키워드 검색량이 많더라도 세부 키워드가 적은 상품은 이와 같은 전략이 불가능하죠. 그래서 상품의 7가지 요소 중에서도 이 노출 기회가 정말, 정말로 중요합니다. 심지어 저는 나머지 요소가 좀 부족하더라도 검색량이 많은 세부 키워드가 많은 상품이라면 진지하게 판매를 고려해 봅니다.

내용이 너무 길어지는 감이 있습니다만, 정말 중요하니 하나의 상품을 예로 들어보겠습니다. 저는 2년 전에 달력을 판매한 적이 있습니다. 보시다시피 가정집 벽에 1~2개 걸려있을 법한 평범한 달력입니다.

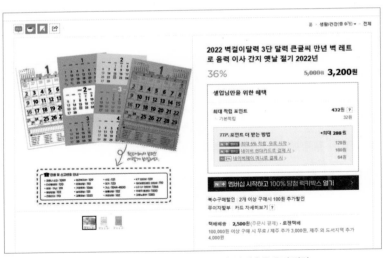

노출기회가 많은 점을 살려 1억 6,000만 원 매출을 올린 달력

이 상품을 하게 된 계기는 이렇습니다. 제가 아는 후배의 아버지가 달력 공장을 운영하십니다. 달력은 매해 연말이 성수기입니다. 본래 이런 시기에 은행을 비롯한 여러 거래처가 신년 판촉물로 달력을 대량 주문하는데, 코로나19 때문에 고객을 직접 만날 일이 줄어드니 예전만큼 주문하지 않아 힘들다고 하였습니다.

샘플을 받아보니 정말 뭐 이렇다 할 매력 없는 평범한 달력이었습니다. 물론 달력 자체가 차별화가 힘든 상품이긴 합니다만… 차라리 디자인이라도 예뻤으면 문구, 팬시로 가겠는데 그것도 불가능했습니다. 정말 판촉물로 받는 전형적인 달력이었죠. 후배니까 판매를 도와주긴 도와줘야 하는데… 이걸 어떻게 팔면 좋을지 저도 뾰족한 아이디어가 떠오르지 않았습니다. 일단 시장조사부터 시작했는데 웬걸? 세부 키워드가 너무나도 다양한 것입니다. 다른 요소는 몰라도 노출 기회만큼은 확실하게 보장된 상품이었습니다.

'이건 잘하면 다른 마케팅 일절 없이 키워드로만 팔아볼 수 있겠다.'

그렇게 세부 키워드를 뽑아 상품을 등록했습니다. 보시다시피 10~1월에 검색량이 폭증하는 3단달력, 벽달력, 벽걸이달력, 옛날달력, 만년달력, 큰달력 등의 세부 키워드로 노출시켰습니다. 이 세부 키워드들 앞에 2022가 붙는 조합 키워드까지 노출이 되었죠.

옆 페이지의 달력 사진을 보시면 달력은 총 4종이고 노출 가격은 3,200원으로 되어있죠? 왼쪽부터 백제본, 파스텔, 시즌, 레트로라고 부릅니다. 백제본과 레트로는 한 달 달력만 나와 있는데 파스텔과 시즌은 3개월이 표

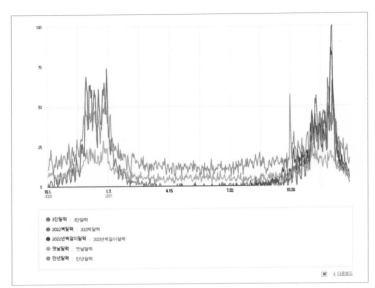

달력 세부 키워드 1

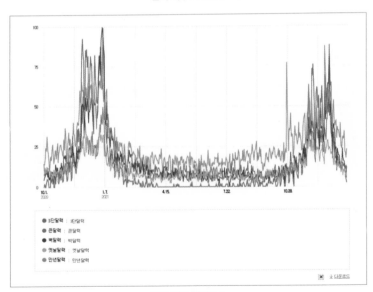

달력 세부 키워드 2

기된 3단 달력입니다. 당연히 1단 달력보다는 3단 달력이 가격이 더 비싼데요. 백제본과 레트로는 3,200원이지만 파스텔과 시즌은 1,700원이 추가되어 4,900원이었습니다.

저의 판매 전략은 4가지 옵션을 등록한 후 가격이 저렴한 3,200원으로 노출시켜서 일단 클릭을 받은 후 4,900원 짜리 파스텔과 시즌을 파는 것이었습니다. 그래서 상품명에 3단 달력 키워드를 껴서 노출시켰고요. 큰 글씨를 원하는 사람은 백제본과 레트로를 구매하고, 3단 달력을 원하는 사람은 파스텔과 시즌을 구입했습니다.

재미있는 사실은 이처럼 아무런 특징도 없는 평범한 달력이 총 4만 개가 팔렸다는 것입니다. 2021년 11월에 상품 등록해서 11, 12월 두 달 동안 힘껏 팔았습니다. 대부분 판매는 12월부터 일어나기 시작했고, 나중에 정산해보니 총 1억 6,000만 원어치가 팔렸습니다.

제가 왜 7가지 조건 중에서도 세부 키워드가 많은 상품을 유독 고평가하는지 이해되시죠? 이 달력의 사례처럼 혹시 유독 대중성과 노출 기회가 많은 상품이 있다면 다른 요소가 다소 미흡하더라도 판매를 고려해 보시길 바랍니다.

트렌드 (지금 시점에서 판매 가능한 상품인가?)

트렌드는 요새 유행하는 트렌드 상품이란 뜻이 아니라 지금 시점에서 판매할 수 있는 상품이냐는 것입니다. 예를 들어 욕실온풍기는 여름에는 팔지 못합니다. 반대로 수영복, 물총 같은 물놀이용품은 겨울에 팔지 못

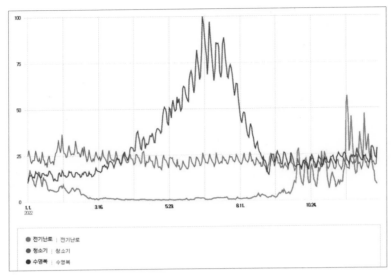

'전기난로, 청소기, 수영복' 1년 검색량 추이

합니다.

전기난로, 청소기, 수영복 이 세 상품의 1년 검색량 추이를 네이버 트렌드로 알아봤습니다. 여름용품인 수영복(보라색)은 6~7월에 정점을 찍고 8월부터 내려오기 시작합니다. 이 말은 수영복은 늦어도 3~4월에는 상품을 등록하고 팔 준비를 끝마쳐야 한다는 뜻입니다.

반대로 전기난로(연두색)는 날씨가 쌀쌀해지기 시작하는 10월부터 검색량이 오르기 시작해 12~2월에 정점을 찍습니다. 이 말은 못 해도 8~9월에는 상품을 등록하고 팔 준비를 끝마쳐야 한다는 의미입니다.

전기난로나 수영복 같은 계절용품은 당연히 판매 시점이 한정된 상품인데요. 청소기(분홍색) 같은 상품은 사람들이 언제나 사용하기에 트렌드를 타지 않는 상품입니다. 여러분의 상품도 이 청소기처럼 계절에 따른 검색량 격차가 크지 않다면 언제 진입해도 상관없습니다.

다만 모든 상품은 성수기와 비수기를 갖고 있습니다. 청소기의 분홍색 그래프를 잘 보시면 거의 일정하긴 합니다만, 봄 무렵에 다소 높은 걸 볼 수 있죠? 새해맞이 대청소를 생각하는 사람이 많아서 그렇습니다. 그렇다면 이 무렵에 프로모션을 기획해서 판매량을 늘리는 방법을 생각해 볼 수 있지 않을까요? 이런 이유에서도 내 상품의 트렌드를 파악해야 합니다.

여기서 팁을 하나 드리겠습니다. 이건 계절상품을 파는 분에게 특히 도움이 되는데요. 제가 처음 이걸 발견했을 때 목욕탕을 뛰쳐나온 아르키메데스처럼 "유레카!"를 외쳤습니다. 집중해서 잘 봐주세요.

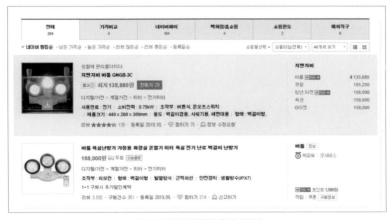

2019년 9월에 등록된 욕실난방기

전 페이지 두 번째 상품의 등록일을 잘 봐주시길 바랍니다. 2019년 9월로 되어있네요? 그런데 이 상품의 QnA로 들어가면 놀라운 사실을 알 수 있습니다.

2016년부터 시작하는 QnA

QnA가 무려 168페이지나 있는데 최초 등록일로 가면 작성일이 2016년 11월 19일입니다. 상품은 2019년에 등록되었는데 어떻게 2016년 글이 있는 걸까요? 그 비밀은 이 상품은 한 번 사라졌다가 다시 생겨난 상품이기 때문입니다.

아시다시피 스마트스토어는 상품을 내렸다가 다시 올릴 수 있습니다. 욕실 난방기 같은 계절상품은 겨울이 지나면 다시 겨울이 오기 전까지는 판매가 안 됩니다. 날씨가 따뜻해지면 상품을 오프(Off)하고, 다시 난방용품이 슬슬 팔리기 시작하는 계절인 10월에 다시 온(On)합니다. 봄, 여름, 가을 내내 오프를 해뒀기에 그사이 최신성 지수는 초기화됩니다. 10월에 다시 상품을 올리면 새롭게 최신성 지수를 받으면서 높게 랭크될 수 있고 이전의 QnA나 리뷰까지 고스란히 가져올 수 있지요.

트렌드를 안타는 상시 판매 가능한 상품에도 이러한 기법을 사용할 수 있습니다. 상품을 계속 팔다 보면 신규 진입자가 있기에 최신성이 밀려서 내 상품 순위가 떨어지기 마련입니다. 그러면 상품을 내리고 한 달 정도 기다립니다. 최신성 초기화 기간은 상품마다 다르긴 한데요. 경험상 한 달 기다리면 웬만한 카테고리는 최신성이 초기화가 됩니다. 그 후 다시 상품을 올리면 기존의 데이터는 유지하면서 최신성 지수를 받아 쇼핑검색 랭킹 상위 등재에 더 유리할 수도 있습니다.

고관여도 (상품 구매 전 고민을 많이 하는 상품인가?)

상품에는 저관여 상품과 고관여 상품이 있습니다. 간단하게 말해서 상품을 구매하기 전에 고민을 적게 하는지, 많이 하는지의 차이인데요. 예를 들어 8,000원에서 10,000원 사이의 점심 식사는 저관여 상품입니다. '오늘 점심은 뭐 좀 색다른 거 먹어볼까?' 하는 가벼운 마음으로 그동안 안 가본 식당에서 카드를 긁을 수 있습니다. 맛이 없더라도 다음에는 그 식당에 안 가면 그만이니 리스크도 적죠.

그에 비해 자동차, 냉장고, 주거용 부동산은 대표적인 고관여 상품입니다. 일단 금액이 비쌉니다. 가벼운 마음으로 카드를 긁을 수가 없죠. 게다가 한 번 사면 장기간 계속 사용해야 하는데 내 맘에 안 들면 그만한 고역이 없습니다.

여기서 많은 사람이 생각합니다. '어? 그러면 처음에는 사람들이 부담 없이 카드를 긁는 저관여 상품을 팔아야 하는 거 아니야? 먼저 저관여 상품을 팔아보고 경험을 쌓으면 고관여 상품도 잘 팔 수 있을 거 같은데?'

그런데요. 스마트스토어에서는 처음부터 고관여 상품을 파는 게 오히려 유리합니다. 왜 그럴까요? 저관여 상품의 장점은 구매장벽이 낮다는 것입니다. 단점은 사람들이 사던 걸 계속 산다는 점과 상세페이지와 후기를 잘 안 본다는 것입니다.

일단 저관여 상품은 사람들이 예전에 구매한 걸 그대로 재구매하는 경향이 있습니다. 우리가 담배와 라면이 떨어지면 전에 피운 담배, 전에 먹던 라면을 그대로 사는 것처럼요. 또 상품이 직관적이라 구구절절한 설명이 필요 없으니 상세페이지는 대충 넘기고 저가 상품 위주로 구매하는 편입니다.

만약 여러분 중 사람들이 많이 사용하는 저관여 상품을, 품질은 그대로 유지하면서 더 저렴한 가격에 공급할 수 있다면 저관여 상품으로 스마트스토어를 시작하시는 것도 추천합니다. 그렇지 않다면 고관여 상품이 오히려 나을 수 있습니다. 저관여와 달리 사람들이 바로 저렴한 상품을 고르는 일이 없기 때문입니다.

여러분이 겨울에 사용할 100,000원 대 욕실온풍기를 구매하거나, 어린이날 자녀에게 선물할 50,000원 대 완구를 사는 입장이 되었다고 상상해봅시다. 온풍기는 한 번 사면 매해 겨울 사용할 것이고, 어린이날 선물은 내가 아닌 자녀가 갖고 노는 만큼 구매에 있어서 신중해질 수밖에 없습니다.

상품도 최대한 많이 찾아보고, 각 상품마다 상세페이지와 후기를 꼼꼼히 읽게 되겠죠? 바로 여기에 기회가 있습니다. 상품력이 부족하다면 경쟁사에 밀리겠지만, 내 상품이 소비자가 원하는 기능을 모두 만족시키면서 경쟁사와는 다른 매력적인 차별화 포인트가 있다면 충분히 내 상품이 선택받을 수 있기 때문입니다.

매력적인 차별화 (경쟁사 대비 매력적인 차별화 포인트가 있는 상품인가?)

앞서 7가지 요소 중 노출 기회가 많은 상품이 좋다고 입이 마르도록 칭찬했는데요. 그 못지않게 중요한 요소가 이 매력적인 차별화입니다. 지금까지도 차별화가 중요하다는 언급을 몇 번 했었지요. 당연합니다. 지금은 어느 분야나 경쟁 상품이 많은데 내 상품이 경쟁사 상품과 다른 점이 하나도 없다면 소비자는 무조건 저렴한 것을 선택하기 때문입니다.

저는 그래서 많은 조건을 만족한다고 하더라도 경쟁사 대비 매력적인 차별화가 정말 하나도 없는 상품은 되도록이면 진행하지 않습니다. 어떻게 보자면 제가 하는 일은 누군가 상품을 가져오면 이 상품이 경쟁사 대비 어떤 매력 포인트가 있나를 찾고, 이를 극대화하는 일을 한다고 봐도 무방합니다. 그렇다면 매력적인 차별화 요소에는 어떤 것들이 있을까요? 지금까지 실무를 진행하면서 제가 찾은 요소는 다음과 같습니다.

매력적인 차별화 포인트

새로운 기능, 불편 해소

디자인

저렴한 가격, 가성비

상징, 자기과시와 자기만족

스토리

새로운 기능, 불편 해소

내가 판매하는 상품에 혁신적인 신기능이 있거나, 그 정도는 아니라도 기존 상품의 불편함을 해결했다면 그 상품은 매력적인 차별화점이 있습니다. 예를 들어 다이슨(Dyson)에서 선 없는 진공청소기를 만들거나, 발뮤다(Balmuda)에서 스팀 기법을 적용해 빵을 촉촉하게 구워주는 토스터를 만든 것처럼요. 콘텐츠를 만들 때도 '기존 상품의 불편한 점 vs. 우리 상품의 편리한 점'과 같은 대결 구도를 잡아 표로 정리하거나, 비포(Before)/애프터(After)를 보여주면 됩니다.

제가 진행한 상품 중 새로운 기능으로 차별화되는 상품으로 공기찬 무릎보호대가 있습니다. 시중에서 판매되는 대부분의 무릎보호대는 신축성 있는 원단으로 조여서 벨크로로 고정하는 방식인데, 공기찬 무릎보호대는 에어스프링이 들어있어서 공기를 펌핑해 압박 강도를 조절할 수 있다는 신기능이 있습니다.

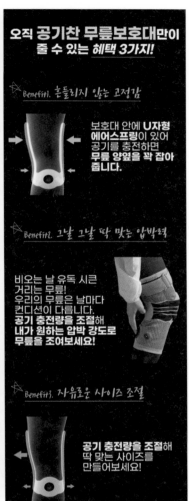

새로운 기능, 불편 해소 공기찬 사례

상세페이지에서도 "나는 다른 무릎보호대와 달라. 에어스프링 들어간 무릎보호대 어디서 본 적 있어?"라는 메시지를 전달하기 위해 새로운 기능과 에어스프링이 줄 수 있는 소비자 혜택을 가장 앞세워서 보여줬습니다.

시장조사를 통해 내 카테고리에서 기존 상품을 쓰는 소비자가 어떤 부분에서 불만족을 느끼는지 찾아내 그 불편을 해소하는 신기능을 도입할 수도 있지만, 기존에 없었던 전혀 새로운 상품을 선보이며 소비자가 미처 깨닫지 못한 불편함을 해소할 수도 있습니다. 스티브 잡스가 아이폰을 만들면서 "소비자는 상품을 보여주기 전까지는 자신이 진정으로 원하는 게 뭔지 모른다"라고 말했던 것처럼요. 이런 차별화는 주로 발명품 쪽에서 많이 일어납니다.

애플처럼 획기적인 발명은 아닙니다만, 제가 판매했던 상품 중 실리커가 있습니다. 옆 페이지 사진에 보이는 것처럼 형형색색의 실리콘 스티커를 붙여서 작품을 만드는 완구인데요. 아이들은 스티커를 좋아하는데 집 안 아무 데나 붙이고 다니면 나중에 떼기가 힘들어서 함부로 사줄 수 없는 불편함을 해소한 상품입니다.

기존 퍼즐 블록은 구성품을 갖고 조립하거나 만들어야 했는데, 실리커는 붙이는 퍼즐 블록이라는 새로운 장르를 개척했다는 차별화가 있어 자녀를 둔 부모님으로부터 정말 반응이 좋았던 상품이었습니다.

디자인

만약 경쟁사 상품과 기능이 완전히 동일하더라도 디자인이 다르면 매력적인 차별화가 될 수 있습니다. 아예 카테고리 자체가 이 디자인의 차별화로 돌아가는 시장도 있고요. 예를 들어 문구, 팬시는 기능의 차별화 자체가 거의 불가능한 시장입니다. 소비자들도 가장 저렴한 상품에 몰리죠. 이 상황에서 객단가를 높이기 위해 많이 선택하는 돌파구가 디자인의 차별화입니다.

다음 페이지 사진은 3D 입체 포스트잇이라는 상품입니다. 포스트잇을 쓰면 쓸수록 안에 내장된 3D 건물이 드러나 포스트잇을 다 쓰면 케이스를 씌워서 건물을 구경하는 책상의 인테리어용품으로 변신합니다. 구멍이 하나 뚫려있는데 저 구멍은 연필꽂이로 사용할 수 있습니다.

사실 포스트잇 안에 3D 건축물을 넣느라 포스트잇 메모 면적이 줄어들

디자인의 차별화 3D 입체 포스트잇 사례

어 기능성 자체는 기존 포스트잇보다 밀리지만, '디자인이 차별화되었다' 는 이유만으로도 매력을 느껴서 구매하는 소비자가 있습니다. 포스트잇이 떨어질 때마다 다른 건축물이 든 포스트잇을 사서 컬렉션으로 모으는 사람도 있고요.

애착 비누 몰랑이 클레이 세트(SET) 제품 이미지

제가 진행했던 사례 중에는 애착 비누 몰랑이 클레이 세트(SET)가 있습니다. 한 완구업체에서 비누 만들기 키트 판매를 도와달라고 찾아왔습니다. 문제는 비누 만들기 키트가 성분 좋은 천연 비누 만들기 세트부터 귀여운 동물 모양 비누 만들기까지 경쟁 상품이 많았습니다. 아무런 차별화 없이 그대로 팔면 승산이 보이지 않았습니다.

비누 자체는 기능으로 차별화하기 힘드니까 디자인의 차별화가 답이라고 생각했고, '아이들이 사용할 테니 비누로 아이들이 좋아하는 캐릭터를 만들면 어떨까?' 하고 궁리했습니다. 시중에 여러 모양 비누 만들기는

애착비누 몰랑이 자발적인 후기 공유

있지만, 캐릭터 비누 만들기는 없었습니다. 그래서 바로 아이들이 좋아할 캐릭터를 조사했는데 눈에 들어온 것이 '돼지토끼 몰랑이'였습니다.

다른 캐릭터는 모양이 들쑥날쑥해서 비누로 만든 후 손 씻을 때 불편한데 몰랑이는 디자인이 둥글둥글해서 비누로 사용하기에도 딱 적당했습니다. 무엇보다 비누 만들기 키트는 아이가 직접 만드는 DIY(Do It Yourself) 상품인데, 완성했을 때의 결과물이 귀엽고 예쁘니까 만족도가 높았습니다.

그 결과 따로 체험단 마케팅을 하지 않았는데도 사용 후기 공유가 많이 일어났는데요. 인스타그램에 들어가 몰랑이 비누를 검색해보면 관련 해시태그로 사람들이 자발적으로 콘텐츠를 올리는 걸 볼 수 있습니다. 이는 매력적인 차별화 포인트의 상징, 자기과시와 자기만족과도 연결되는 부분인데요. 이 개념은 뒤에서 설명하겠습니다.

저렴한 가격, 가성비

내 상품에 새로운 기능이나 디자인의 차별화가 없어도 같은 품질을 유지하면서 가격이 저렴하면 그 상품은 가성비가 좋은 매력적인 상품이 됩니다. 이마트의 노브랜드 상품이 대표적인 예시입니다. 아니면 퀄리티는 다소 떨어지더라도 가격 대비 성능비가 좋은 상품도 가능한데요.

예를 들어 다이슨 무선 청소기는 많은 주부들이 선호하지만 1,000,000원에 달하는 가격 때문에 부담이 심한 상품입니다. 이 니즈를 꿰뚫고 중소기업에서 다이슨을 최대한 카피하면서 가격을 줄인 차이슨 청소기를 만들어서 히트를 했었죠. 대학생들도 돈만 많다면 삼성이나 LG 노트북을 쓰고

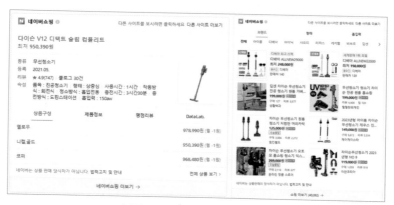

저렴한 가격의 가성비가 좋은 차이슨 사례

싶어 합니다. 그러나 1,000,000원 대 노트북은 부담이 되어서 더 저렴하게 살 수 있는 아수스 노트북이나 레노버 노트북을 많이 구매합니다. 가격이 저렴하거나 가성비가 있다면 충분한 차별화가 가능합니다.

상징, 자기과시와 자기표현

상징성으로 차별화되는 상품은 대표적으로 명품이 있습니다. 샤넬, 에르메스, 롤렉스, 몽블랑 등 명품 브랜드부터 시작해서 애플, 테슬라도 이에 포함됩니다. 그런데 아마도 이 책을 읽는 여러분 중 명품 브랜드를 파는 경우는 희소할 것입니다.

명품의 상징성이라는 건 깊게 파고들면 자기과시, 자기표현의 심리입니다. 내 상품에 남들에게 자랑하기 좋은 포인트가 있거나, 상품 사용 경험에서 뭔가 남들과 달라 만족도가 높다면 상징의 차별화가 가능합니다.

앞에서 보여드린 애착 비누 몰랑이 클레이 세트가이 한 예입니다. 대체로 DIY 상품은 상징의 차별화가 가능합니다. 부모님은 '우리 아이가 이걸 직접 만들었어요' 하고 SNS에 자랑하는 심리가 있어서입니다.

그 외에도 자신의 성향을 드러내는 상품도 상징의 차별화가 가능합니다. 텀블러, 에코백 같은 친환경 상품이 한 예입니다. 친환경 상품을 사용한다는 것은 '나는 지구의 환경을 생각하는 착한 녹색 소비자야' 하고 자신을 드러내니까요.

헌혈이나 기부를 자주 하면 반지나 목걸이 같은 액세서리를 주곤 하죠? '나는 남을 돕는 이타적인 사람이야'라는 자기과시, 자기표현을 자극하는 상품 전략으로 볼 수 있습니다. 혹시 내 상품에도 이처럼 남들에게 뽐낼 수 있는 부분이 있는지, 자기표현이 가능한지 생각해 봅시다.

스토리

상품 중에서는 스토리가 압도적인 나머지 상품보다도 스토리가 더 메인이 되어버린 상품이 있습니다. 대표적인 것이 '탐스 슈즈'와 '에비앙 생수'입니다. 이 둘은 상품 하나만 따지면 다른 신발, 생수와 큰 차이가 없습니다. 오로지 스토리의 차별화로 성공한 브랜드가 된 것입니다.

'내 상품에는 탐스 슈즈나 에비앙처럼 그럴듯한 개발 비화가 없는데 어떡하죠?' 이렇게 걱정할 필요는 없습니다. 분석해 보면 내가 이 상품을 만든 이유, 내가 이 상품을 소싱한 이유가 나름대로 있기 마련이거든요. 브랜드 스토리텔링 만드는 방법은 뒤에서 다루도록 하겠습니다.

임팩트 (임팩트 있는 콘텐츠가 나오는 상품인가?)

여러분은 스마트폰을 하다가 광고를 보고 상품을 구매한 적이 있으신 가요? 소위 'SNS 대란템'이라고 불리는 물건이 있습니다. 샤워기 필터로 오염된 강물을 정수하는 영상, 코팩을 붙이고 떼자 코에서 피지와 블랙헤드가 뽑히는 영상, 떼로 찌든 화장실이 스프레이를 뿌리고 물로 씻기자 새 화장실처럼 변하는 영상을 보여줍니다. 직관적이면서 임팩트 강한 콘텐츠를 보여주니 충동구매를 일으키는 일명 지름신이 강림해 판매가 일어나는 것이죠.

실제 이런 SNS 대란 템을 개발하는 이커머스 전문 기업은 상품 기획 단계에서부터 강한 인상을 남길 수 있는 콘텐츠를 보여줄 수 있느냐 없느냐의 여부를 따진다고 합니다. 만약 여러분의 상품도 SNS 대란 템처럼 임팩트 있는 동영상, GIF 콘텐츠를 만들 수 있다면 잘 팔릴 상품의 조건을 갖고 계신 것입니다.

그런데 앞서 예시로 든 SNS 대란 템은 태생 자체가 인상적인 콘텐츠를 품고 태어난 상품인데 안 그런 상품이면 어떻게 해야 할까요? 내 상품이 소비자에게 줄 수 있는 이익이 뭐가 있나를 찾다 보면 생각 외로 임팩트 포인트를 발견하는 것은 어렵지 않습니다.

앞서 보여드린 당그니 3d펜 상세페이지에 들어간 GIF 움짤입니다. 웹 문서가 아닌 책이라서 정지된 사진으로밖에 보여드릴 수 없어서 아쉬운 데요. 3d펜은 필라멘트를 녹여서 쭉 짜내 3d 입체모형을 만들 수 있는 상품입니다. 성인용은 100도에서 녹은 고온 필라멘트를 이용하고, 유아용

필라멘트가 60도 저온에서 작동하기 때문에
뜨겁지 않고 연기나 냄새가 전혀 나지않습니다.

당그니 3d펜 GIF

3d펜은 60도에서 녹는 저온 필라멘트를 사용하죠.

당그니는 저온 3d펜이라 어린아이가 갖고 놀아도 안전한데, 이 원리를 말로 백 번 설명하는 것보다 위의 예시처럼 사람 손에 녹은 필라멘트를 그려도 뜨겁지 않다는 걸 한 번 보여주는 것이 더 낫습니다.

상품의 임팩트를 보여주는 방법에 대해서는 홈쇼핑을 잘 참고해 보시길 바랍니다. 쇼호스트들이 상품 시연을 자주 하는데 여기서 임팩트 있는 콘텐츠가 자주 나오는 편입니다.

이상 7가지 조건에 대해 알아봤습니다. 내가 팔려는 상품이 있다면 그것이 이 7가지 조건 중 몇 가지에 부합하나 잘 살펴보시고, 최대한 많이 부합되는 상품을 팔아보시길 권장합니다. 만약 이렇다 할 상품이 없다면 이 7가지 조건을 많이 가진 상품을 제조하거나, 소싱할 필요가 있습니다.

내 상품의 구매자, 사용자, 구매결정자는 누구일까요?

팔릴 상품을 고르셨으면 내 상품을 구매하는 사람, 사용하는 사람, 구매를 결정하는 사람이 누구인지를 알아봅시다. 이건 많은 판매자가 놓치는 개념으로 잘 파악하는 것이 중요합니다. 구매자, 사용자, 구매결정자가 누구인지 명확하게 나와야 내가 어떤 채널에 어떻게 마케팅을 할 것인지 알 수 있기 때문이죠.

상품에는 구매자, 사용자, 구매결정자가 있는데 많은 판매자가 사용자, 구매결정자는 잘 고려하지 못하고 구매자만을 생각합니다. 콘텐츠 역시 '구매자만 설득하면 게임 끝'이라고 착각합니다. 물론 구매자, 사용자, 구매결정자가 전부 같은 상품이라면 그렇게 해도 상관없습니다.

그런데 상품 몇 개를 놓고 이 상품의 구매자, 사용자, 구매결정자가 누구일까 분석해 보면 의외로 이 셋이 전부 일치하지 않는 상품이 제법 된다는 사실을 알게 됩니다. 그럼 우리는 누구를 설득해야 할까요? 마케팅할 때는 구매자가 아니라 구매자가 구매를 결정하게 만드는 구매결정자를 설득해야 합니다. 그래서 상세페이지에서는 구매결정자와 구매자를 동시에 설득해야 하고요. 여기까지 오면 '아니 그래서 구매자, 사용자, 구매결정자가 정확히 뭔데?' 하는 의문이 드시죠? 일단 이 셋의 관계는 이렇습니다.

구매자, 사용자, 구매결정자의 정의

구매자=상품을 구입하는 사람

사용자=상품을 실제로 사용하는 사람

구매결정자=상품 구매를 결정하는 사람

과일을 예로 들겠습니다. 내가 사과가 먹고 싶어서 과일가게에서 사과 한 박스를 사서 먹으면 구매자, 사용자, 구매결정자는 전부 '나'로 같습니다. 그런데 어머니가 저에게 스마트스토어 URL을 하나 보내주면서 '네 아버지 드리려고 이 사과를 사려는데 내가 온라인을 잘 모르니까 네가 대신 사달라'고 부탁하셨다면, 이런 경우 구매자는 나지만 구매결정자는 어머니이며, 구매한 사과는 아버지가 드시니까 사용자는 아버지가 됩니다.

'구매자, 사용자, 구매결정자가 다른 게 무슨 상관이지?' 싶을 수도 있는데요. 내가 과일을 판다고 가정해봅시다. 만약 구매자, 사용자, 구매결정자가 나로 일치하는 고객이라면 못난이 과일을 팔아도 됩니다. 겉은 좀 흠집이 났어도 맛과 영양에는 지장이 없으니까 가격을 싸게 할인하면 고객은 오히려 못난이 과일을 더 좋아할 것입니다. 내가 사서 내가 먹을 과일이니 남 눈치 볼 일이 없기 때문이죠.

하지만 아버지에게 선물한다거나, 혹은 지인에게 명절 선물을 보낼 고객에게는 못난이 과일을 팔면 안 되겠죠? 구매자, 사용자, 구매결정자가 다르니까 결국 최종적으로 과일을 받아서 실제로 먹는 사용자가 만족해야 합니다. 그러면 맛도 맛이지만 선물 받은 사람이 기분 안 나쁘게끔 외관도 깔끔해야겠죠. 그리고 우리가 마케팅하고 설득할 대상은 구매자로 하여금 선물용 과일을 사라고 지시하는 구매결정자를 겨냥해야 합니다.

이제 구매자, 사용자, 구매결정자의 개념에 대해서는 대략 이해가 되셨을 겁니다. 혹시 모르니 연습 문제를 3개 정도 풀어볼까요? 예로 3개의 상품을 제시할 것인데 모두 다 완구 장난감입니다. 그럼 이 상품들의 구매자, 사용자, 구매결정자가 누구인지 생각해 보세요.

문제 1. 성인용 레고

첫 번째는 잘 아시는 레고입니다. 레고를 가지고 놀던 아이들이 이제는 다 어른이 되어서인지 레고사도 이를 의식하고 아예 키덜트 시장을 공략하는 레고 상품을 많이 출시하고 있습니다. 앞 페이지의 이미지는 고흐의 〈별이 빛나는 밤〉을 레고로 만든 상품인데요.

이 상품은 친구에게 선물로 사주는 게 아닌 이상 웬만해서는 내가 사서 내가 갖고 노는 장난감입니다. 그렇다면 구매자는 나고, 사용자도 나며, 구매 결정자도 나입니다. 따라서 상품 마케팅은 키덜트족이 많이 모이는 플랫폼을 찾아 구매자를 직접 설득하면 됩니다.

제가 팔고 있는 남아 장난감입니다. '트랜스브릭봇'이라고 사진에 보이는 것처럼 먼저 비행기나 자동차를 여러 대 만든 다음, 이것들이 다 합체해서 하나의 큰 로봇이 되는 장난감입니다. 갖고 노는 사용자는 당연히 아이가 되겠죠? 아이는 돈이 없으니 구매자는 아이의 부모님이 될 것입니

문제 2. 유아용 완구 변신 로봇

다. 구매 결정자는 누구일까요? 이런 로봇 장난감을 앞장서서 사주는 부모는 잘 없습니다. 대개 애들이 사달라고 조르니까 사주죠. 따라서 구매 결정자는 아이입니다.

그럼 이 상품은 어떻게 마케팅해야 할까요? 구매자가 아니라 구매결정자를 설득해야 하므로 아이들이 자주 보는 TV나 키즈 유튜브 등에 광고해야 합니다. 그래야 트랜스브릭봇을 발견한 아이가 부모님에게 영상에 나온 트랜스브릭봇을 보여주며 이 장난감을 사달라고 조르겠죠?

아래의 이미지는 귀여운 그림과 아이들에게 교훈을 주는 스토리가 담긴 동화책 30권 세트입니다. 완구보다는 도서라고 볼 수 있는데요. 트랜스브릭봇과 달리 이런 도서는 아이가 부모에게 먼저 사달라고 조르는 일은 잘 없습니다. 대개 부모가 먼저 아이에게 사주는 편이죠. 따라서 구매자는 부모님, 사용자는 아이, 구매 결정자는 부모님이 됩니다. 그렇다면

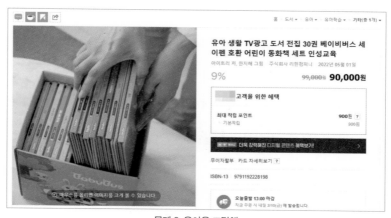

문제 3. 유아용 그림책

트랜스브릭봇과는 반대로 아이가 아니라 부모님을 설득해야겠죠? 어머니들이 많이 모여 있는 인스타그램에 광고해서 이 책이 자녀분에게 도움이 된다고 설득해야 할 것입니다.

이처럼 같은 완구인데도 구매자, 사용자, 구매결정자가 다를 수 있으며 그에 따라 마케팅의 방향성 또한 달라집니다. 가장 기본은 마케팅 활동이 구매결정자를 대상으로 해야 한다는 점입니다. 구매자가 결제를 고민하는 상세페이지에는 구매자와 구매결정자를 동시에 공략해야 합니다. 구매결정자 위주로 내용을 구성하더라도 구매자도 혹할 최소한의 근거가 있어야 더 수월하게 구매하기 버튼을 누르게 됩니다.

오누즈 새싹가든 TV광고 흙 씨앗 공주정원 놀이 세트 어린이 화분 식물 키우기 감성
최저 39,800원 판매처 2
출산/육아 > 완구/매트 > 자연/과학완구 > 식물학습
리뷰 ★★★★★ 76 · 등록일 2022.06. · ♡ 찜하기 3 · 🔊 정보 수정요청

오누즈 새싹가든

제가 이전에 판매했던 '오누즈 새싹가든'을 예시로 들어보겠습니다. 이 상품은 섬네일에 보이는 것처럼 아이들을 위한 정원 놀이, 식물 키우기 키트입니다. 패키지를 열면 조립식 화분, 흙, 식물 씨앗, 삽과 물뿌리개가 포함되어 있습니다.

이 상품의 구매결정자와 사용자는 아이이고, 구매자는 부모입니다. 그래서 마케팅 파트에서는 구매결정자인 아이를 설득하기 위해 TV 광고를 진

행했습니다. 광고를 본 아이들이 어머니에게 사달라고 조르겠지요? 그러면 어머니는 검색해서 상세페이지를 살펴보실 겁니다.

흙놀이와 식물 키우기의 놀라운 **교육효과**를 알고 계신가요?

아이들은 흙놀이를 하며 본능적인 감각의 자극을 느낍니다. 부드럽고 포실포실한 흙의 촉감은 **아이에게 정서적 안정**을 주기도 하죠.

식물키우기를 하며 아이들은 **자연과 생명의 소중함을 배우고**, 직접 가꾸고 아껴주면서 **배려하는 마음과 성취감**을 느낍니다.

또한 시간이 지날 수록 변화되는 **식물의 모습을 보며 관찰력을 키울 수 있습니다.**

구매자를 설득하는 최소한의 근거

상세페이지에는 구매결정자, 사용자인 아이를 위한 콘텐츠가 있습니다. 하지만 동시에 구매자인 어머니를 설득하는 콘텐츠도 넣어야 합니다. 아이가 식물 키우기 키트를 사달라고 하는데 '이걸 사줘? 말아?' 고민하는 단계에서 '아이가 이걸 하면 생명의 소중함을 배우고 배려심과 성취감이 길러져요', '우리 상품은 화분이 잘 만들어져있어서 물을 줘도 바닥에 흐르지 않아요'와 같은 문구로 구매자의 감성을 자극하면 더 망설임 없이 상품을 사게 됩니다. 이제 왜 내 상품의 구매자, 사용자, 구매결정자를 알아야 하는지 이해가 가시죠? 여러분도 내 상품의 구매자, 사용자, 구매결정자가 어떻게 되는지, 어떻게 상품 판매에 활용할지를 고민해 보시길 바랍니다.

소비자가 상품을 구매하는 5가지 동기를 알아봅시다

상품을 고르고 그 상품의 구매자, 사용자, 구매결정자가 누구인지 알아내셨으면 이제부터는 내 상품에 관해 다각도로 심도 있게 분석할 차례입니다. '내 상품은 소비자가 무슨 이유로 구매하는 상품인가?' 다시 말해 구매동기를 알아야 합니다. 이 구매동기와 관련해서 여러분이 참고하기 좋은 이론이 하나 있는데요.

바로 '매슬로우의 5대 욕구' 이론입니다. 이는 심리학자 에이브러햄 매슬로우(Abraham Harold Maslow)가 만든 것으로, 사람의 욕구는 제일 낮은 계층에서 시작해 욕구가 충족될 때마다 더 상위 계층의 욕망으로 이동한다는 개념입니다.

실제로 인간은 다양한 욕망을 갖고 있으나, 이틀 잠을 안 자고 식사를 세 끼 굶으면 모든 걸 제치고 자고 먹는 욕망을 최우선시하게 됩니다. 나

소비자가 상품을 구매하는 5가지 동기

⑤ 자기만족을 위한 구매 (자아실현의 욕구)

④ 자랑하기 위한 구매 (존중의 욕구)

③ 선물해주기 위한 구매 (애정, 소속의 욕구)

② 불안 해소를 위한 구매 (안전의 욕구)

① 필요에 의한 구매 (생존의 욕구)

머지 욕구는 이러한 생리적 욕구가 해결된 다음의 문제가 되죠. 사람이 돈을 쓰는 행위 역시 이 5가지 욕망을 채우는 것과 밀접한 관련이 있습니다. 내 상품이 5대 욕구 가운데 무엇을 충족할 수 있는지 알아두면 나중에 전환을 만드는 중요한 콘텐츠인 상세페이지를 제작할 때 참고할 수 있습니다.

그렇다면 우리는 누구의 구매 동기를 알아야 한다고요? 사용자, 구매자가 아닌 구매결정자의 구매 동기를 찾아내서 상세페이지에 적용해야 합니다. 구매결정자가 상품 구매에 가장 큰 영향을 미치니까요. 그럼 소비자가 상품을 사는 구매 이유는 무엇이며, 우리는 어떻게 그 구매 이유를 인지하게 만들 것인지에 관해 살펴보겠습니다.

① 필요에 의한 구매 (생존의 욕구)

첫 번째 구매 동기는 필요에 의한 구매입니다. 의식주, 생필품이 대표적입니다. 우리는 매일 먹어야 하고, 침구나 옷도 시간이 지나면 헤지거나 사이즈가 안 맞아서 다시 사야 합니다. 쌀, 소금, 생수, 세제, 휴지, 화장품, 바디워시, 치약, 샴푸, 면도날 같은 상품도 다 떨어질 때마다 구매해야 하죠.

만약 내가 파는 상품이 주기적으로 구매해야 하는 상품이라면 우리는 상세페이지에서 '당신이 살아가기 위해서는 이 상품이 꼭 필요해!'라고 알려줘야 합니다. 생존의 욕구를 겨냥한 상품은 다른 상품보다 더 저렴하거나 기능이 앞서면 유리한 점이 있습니다.

② 불안 해소를 위한 구매 (안전의 욕구)

두 번째 구매 동기는 불안에서 벗어나기 위한 구매입니다. 사람은 기초적인 생필품이 갖춰지면 건강, 안전, 미래에 대한 불안을 해소하기 위해 소비합니다. 만약의 사태를 대비해 보험에 가입해두고, 건강하게 살기 위해 영양제나 건강기능식품을 챙겨 먹습니다. 코로나19처럼 혹시 모를 전염병에 대비해 마스크를 넉넉하게 쟁여둡니다.

상품 예시로는 보험, 연금, 마스크, 건강기능식품, 건강보조식품, 안전용품, 위생용품, 호신용품 등이 해당합니다. 자동차에 다는 블랙박스나 아이에게 사주는 방범 부저 등도 포함됩니다. 불안 해소를 위한 상품은 공포 소구가 잘 통합니다. 주로 당신이 A에 대해 대비하지 않으면 미래에 어떠한 곤경이 닥치게 되는지, 우리 상품이 있다면 그 위험을 어떻게 회피할 수 있는지 알려주는 식입니다.

③ 선물해 주기 위한 구매 (애정, 소속의 욕구)

생필품이 넉넉하고 미래에 대한 위협도 대비가 된 사람은 서서히 나를 벗어나 주변도 챙길 여유를 갖게 됩니다. 돈 벌어 부모님에게 효도하고, 가정을 이뤄 배우자와 자식에게 선물하죠. 어버이날 용돈박스, 홍삼 선물 세트, 안마의자, 선물용 과자, 아이에게 사주는 완구가 대표적입니다.

혹은 꼭 가정이 아니더라도 은사, 친구, 지인에게 선물을 해주기도 하고 특정 집단, 커뮤니티에 소속하기 위해 돈을 쓰는 경우도 있습니다. 예를 들어 특정 연예인을 좋아하면 연예인 굿즈를 구매해 팬클럽에서 소속감을 느끼기도 하고, 대학교 신입생이 과 점퍼를 맞추는 것이 이에 해당합니다.

④ 자랑하기 위한 구매 (존중의 욕구)

주변 사람을 챙기고, 사회적 소속감까지 느낀 사람은 나를 표현하며, 사회적 인정을 갈구하게 됩니다. 이 부분은 앞에서 본 상징의 차별화와 맥락이 같은데요. 명품 브랜드나 중고가 브랜드나 상품 기능, 품질의 차이는 없다고 합니다. 그런데도 명품을 사는 이유는 사회적 위신을 과시하고 싶어서입니다.

여기에는 지금 한참 유행인 트렌드 상품도 포함됩니다. 나이키 리미티드 에디션을 꼭 가지겠다고 오픈 런을 하거나, 닌텐도 스위치 초판이 나왔을 때 부모님이 줄을 서서 구매하고 인증했었죠? 얼리어답터가 누구보다 빠르게 체험하고 리뷰를 올리는 상품이라 보시면 됩니다. 와디즈로 상품을 사는 사람 심리가 이 얼리어답터와 비슷합니다. 비용을 더 내더라도 3주를 기다리는 이유는 다음과 같습니다. 와디즈 펀딩 상품은 기존에 없던 새로운 상품인 경우가 많고, '이걸 사는 나는 트렌드를 선도하는 사람'이라는 심리가 작용하는 것이죠.

작년에는 포켓몬 빵이 히트를 했는데요. 명품이라고 할 수도 없는 평범한 빵을 사람들은 왜 그렇게 사 먹었을까요? 빵이 더 맛있어서가 아닙니다. 그냥 남들이 사니까 나도 똑같이 따라 산 것입니다. "그 유명한 포켓몬 빵, 제가 한번 먹어봤습니다"라고 말이죠. 만약 내가 현재 사회적으로 핫한 상품을 판다면 존중의 욕구에 해당합니다.

그렇다면 상세페이지에는 어떤 내용을 넣어야 할까요? "이 상품을 가진 당신을 남들이 어떻게 볼지 상상해 봐"라고 어필해야 합니다. 얼리어댑터들이 좋아할 법한 상품이라면 "이것으로 당신도 트렌드를 선도하는 사람이 될 수 있어"라고 말해주고요.

우연히 TV에 출현하는 연예인이 쓰기 시작해서 폭발적인 매출을 올리는 상품들이 있습니다. '연예인이 쓰니까 나도 쓴다'는 심리도 존중의 욕구에 해당합니다. 언제부터인가 JTBC〈○○ 형님〉에 출연자가 필모아 텀블러를 들고나왔습니다. 협찬을 한 것도 아닌데 말이죠. 그러자 인터넷상에서 '이○민 텀블러'를 찾는 사람이 생기기 시작해 급히 상세페이지에 해

〈○○ 형님〉에 포착된 이○민 씨의 필모아 텀블러

당 내용을 반영했었습니다.

⑤ 자기만족을 위한 구매(자아실현의 욕구)

사회적 존중 단계까지 간 사람에게 남겨진 마지막 욕망은 자아실현입니다. 보통 자아실현과 관계된 상품은 책, 강의 등 교육 분야 상품이 많은데요. 그 외에는 단순히 자기만족을 위한 상품도 해당합니다. 이 상품이 없어도 사는 데 지장 없고, 불편하지도 않고, 누구에게 선물할 것도 아니며, 남에게 자랑할 것도 아니지만 그냥 자기가 좋고 자기가 원해서 구입하는 상품입니다.

취미 컬렉션이 대표적인 예입니다. 좋아하는 아티스트의 앨범 CD를 모으거나, 와인을 모으거나, 문구를 모으거나, 만화책을 모으거나, 포켓몬 인형을 모으는 것처럼요. 어떻게 보면 덕후의 덕질(한 가지 분야에 몰입하여 구매하는 성향)과도 맞닿는 개념입니다. 혹은 인테리어 용품도 자아실현의 욕구에 해당합니다. 없어도 딱히 사는 데 문제는 없지만 그래도 내 집을 예쁘고 감성 있게 꾸미고 싶어서 사는 상품이니까요. 그럼 상세페이지에는 어떻게 소구해야 할까요?

교육관련 상품은 '이게 있으면 당신이 원하는 게 이루어집니다. 당신이 바라는 이상적인 당신이 될 수 있습니다'라고 소구합니다. 컬렉션이나 인테리어 용품이라면 "이게 있으면 보기만 해도 기분이 좋아집니다. 흐뭇하고 뿌듯하지요"라고 말해주면 됩니다.

이렇듯 내가 취급하는 상품이 5가지 욕구 중 어디에 해당하는지를 점검해봅니다. 꼭 하나가 아니더라도 2~3개에 해당할 수도 있습니다. 그 경우 중요도를 정해서 더 강하다고 생각되는 구매동기부터 상세페이지에서 표현해주면 됩니다.

PART 4

최대의 마진을
남기기 위한 객단가
높이기 프로젝트

최초공개, 업 셀링 & 크로스 셀링을 만드는 4가지 방법

파트 1에서 말씀드렸다시피 유입과 전환은 어느 정도 우리 손으로 개선할 수 있지만, 객단가는 그에 비해 조정하는 것이 힘들다고 말씀드렸습니다. 어떤 카테고리든 형성된 가격대가 있다 보니 내가 비싸게 팔고 싶어서 비싸게 올려버리면 상품이 안 팔릴 게 뻔하니까요. 그래서 객단가를 올리는 방법은 매우 한정적이며 크게 2가지 방향이 있습니다. 내 상품이 최대한 매력 있어 보이도록 연출해서 가격을 조금 더 올리는 법과 내 상품에 +@를 결합하여 상위 옵션을 만드는 것이지요. 첫 번째 방향에 대해서는 '브랜드 스토리와 신뢰도를 설명하는 부분'에서 알아보도록 하고, 여기서는 +@를 만들어 업 셀링 & 크로스 셀링 하는 방법에 관해 설명하겠습니다. 여기에는 크게 4가지 방법이 있습니다.

먼저 업 셀링은 무엇이고 크로스 셀링은 무엇일까요? 이 개념을 쉽게

업 셀링의 방법

- ① 상위 상품
- ② 추가 상품
- ③ 1+1 상품

크로스 셀링의 방법

- ① 연관 상품
- ② 선물 세트

이해할 수 있는 비유가 바로 맥도날드 햄버거입니다. 어느 날 저는 불고기 버거를 먹고 싶어서 맥도날드에 갔습니다. 키오스크로 불고기 버거 단품을 장바구니에 담아 결제 페이지로 가려는데 갑자기 팝업창이 하나 뜹니다.

"고객님, 불고기 버거보다 빅맥이 더 푸짐하고 맛있는데 빅맥을 드시지 않겠어요?"

배가 고팠던 저는 양도 더 푸짐하고 맛도 있는 빅맥 단품으로 주문을 바꿨습니다. 본래 저는 객단가가 낮은 불고기 버거를 사 먹으려고 했는데, 키오스크의 마케팅 메시지에 설득당해서 객단가가 더 높은 빅맥을 구매했죠? 이 경우 상위 상품으로 업 셀링이 된 것입니다.

상위 상품 업 셀링은 우리 일상에서 흔히 발견할 수 있습니다. 보급형

태블릿PC를 사려고 했는데 최신형 태블릿PC를 산다거나, 저렴한 국산차를 사려고 했는데 비싼 외제차를 사는 상황이 종종 있죠. 그렇다면 업 셀링의 추가 상품은 뭘까요? 제가 불고기 버거 단품을 주문하려는데 갑자기 키오스크에 이런 메시지가 뜹니다.

"고객님, 불고기 버거에 양파와 소스를 추가하면 더 맛있게 드실 수 있는데 어떠세요?"

이때 햄버거는 불고기 버거 그대로 먹지만 불고기 버거를 구성하는 요소인 야채와 소스를 추가 구매했습니다. 불고기 버거처럼 구성품을 추가 판매할 수 있으면 추가 상품 업 셀링을 활용할 수 있는데요.

예를 들어 프린터는 구성품으로 잉크를 팔아 객단가를 높일 수 있고, 3d펜은 구성품으로 필라멘트를 팔아 객단가를 더 높일 수 있습니다. 업

캐논 프린터 추가 상품 업셀링

셀링의 마지막은 1+1 상품입니다. 이건 딱 보자마자 아시겠죠? 제가 불고기 버거를 구매하려는데 키오스크가 이렇게 제안합니다. "고객님, 지금 불고기 버거 1+1 세트를 구매하시면 1,500원을 할인해 드리겠습니다."

상품에 따라 1+1 옵션이 특히 잘 팔리는 카테고리가 있습니다. 예를 들어 우산처럼 가족이 다 같이 쓰는 생활용품이나, 완구도 자녀가 둘인 집안은 1+1 옵션을 많이 구매합니다. 특히 상품에 따라 업 셀링, 크로스 셀링 옵션을 만들기 정말 힘든 상품도 있는데 그런 상품도 1+1 옵션은 만들수 있어서 활용도가 좋습니다.

무릎보호대 1+1 업셀링

1+1 옵션을 만들면 단일 상품 2개를 사는 것보다 가격을 할인해 줘서 얼핏 손해로 보일 수도 있는데요. 1개만 사고 나갈 사람이 할인을 미끼로 2개를 사 가니까 장기적으로 보면 더 이득입니다.

다음은 크로스 셀링 차례입니다. 업 셀링과 크로스 셀링을 구분하는 기준이 뭘까요? 앞서 제시한 햄버거 예시를 보면 불고기 버거를 더 가격이 높은 버거로 교체하거나, 불고기 버거의 구성품을 추가로 팔거나, 하나 팔 불고기 버거를 2개 파는 등 어디까지나 불고기 버거가 주체였습니다. 그런데 크로스 셀링은 다릅니다. 불고기 버거와 관련 있는 다른 상품을 끼워 파는 것이죠. 크로스 셀링의 연관 상품을 예로 들어볼까요? 제가 불고기 버거 단품을 구매하려고 하자 키오스크에 이런 메시지가 다시 뜹니다.

"고객님, 불고기 버거 하나만 드실 게 아니라 감자튀김과 콜라를 같이 드시는 건 어떠세요?"

이렇듯 단품을 살 사람에게 세트 메뉴를 판매하는 것입니다. 햄버거 외에 우리 주변에서 흔히 볼 수 있는 사례가 DSLR 카메라입니다.

DSLR 카메라 연관 상품 크로스셀링

카메라 하나를 사도 렌즈, 메모리 칩, 삼각대, 마이크, 카메라 가방 등 수많은 연관 상품을 붙일 수 있습니다. 아예 패키지 옵션을 1, 2, 3으로 만들어서 파는 스마트스토어도 있고요.

카메라 외에 스마트폰도 케이스와 필름을 비롯해 다양한 연관 상품을 옵션으로 추가할 수 있고, 노트북도 노트북 케이스, 노트북 가방, 무선 마우스, 화면 필름, 키보드 덮개, USB 메모리 등 다양한 연관 상품으로 옵션을 구성할 수 있습니다.

스팸 선물세트 크로스셀링

마지막은 크로스 셀링의 선물 세트입니다. 제가 불고기 버거를 매장에서 먹고 가려는데 키오스크가 이런 제안을 하는 것입니다.

"고객님, 집에 계신 배고픈 가족을 위해 불고기 버거 선물 세트를 포장해가면 어떨까요?"

만약 내 상품이 구매자와 사용자가 다르다면 이렇듯 선물 세트 옵션을 만들어 객단가를 높일 수 있습니다.

예를 들어 스팸은 내가 먹기 위해 사기도 하지만, 식용유와 함께 묶어서 네모난 패키지에 포장된 것이 명절 선물로도 많이 팔립니다. 떡, 과일, 과자, 초콜릿, 사탕도 비슷한 전략을 적용할 수 있습니다. 먼저 내가 먹어보니 맛있어서 아는 지인에게 선물할 때 포장에 좀 더 신경 써주는 대신에 객단가를 높인 선물 세트를 옵션으로 만드는 것입니다.

이렇게 내가 파는 상품을 기준으로 더 상위 모델을 제안하거나, 추가 구성품 구매를 유도하거나, 1+1을 파는 것이 업 셀링 전략의 3가지입니다. 그리고 내 상품에 연관 상품을 제안하거나 선물 세트를 제안하는 크로스 셀링 전략 2가지를 설명했습니다. 그렇다면 내 상품은 어떻게 옵션을 다양화할 수 있는지 고민해 보고 다음 장으로 넘어가시기 바랍니다.

가장 효과적으로 노출 가격을 설정하는 법

내 상품을 분석하면서 결정해야 하는 것이 바로 가격입니다. 특히 옵션이 다양한 경우 옵션마다 다 가격이 있을 텐데, 이 가격 중 가장 저렴한 옵션을 노출 가격으로 내세워서 클릭을 받은 후 상위 옵션을 파는 방법이 유효합니다.

가격 설정은 크게 원가 기반 또는 경쟁사 기반으로 정해지는데요. 원가 기준은 '내가 이 상품을 제조하는데 총 10,000원이 드니까 20,000원에 팔 거야' 혹은 '이 상품을 소싱하는데 10,000원이 들어갔으니까 20,000원에 팔 거야'와 같이 내 상황에 근거해서 가격을 설정하는 방법입니다.

경쟁사 기반 가격 설정은 경쟁사가 어떤 상품을 20,000원에 팔고 있는데 '내 상품이 앞서는 점이 없으니 가격이라도 조금 더 저렴한 18,000원에 팔 거야' 혹은 '기능과 디자인이 더 앞서니까 22,000원에 팔 거야' 등 시장

상황에 근거해 가격을 설정하는 방법입니다.

원가 기준으로 가격을 설정할 것인지, 경쟁사 기반으로 가격을 설정할 것인지는 상품에 따라 달라집니다. 경쟁이 치열한 상품이라면 경쟁사 기반으로 가는 것이 낫습니다. 내 상품이 기존에 없던 전혀 새로운 유형의 상품이거나, 시장을 독식할 수 있다거나, 차별화가 확실하다면 원가 기준으로 가격을 책정해도 무방합니다.

가격 설정에 대한 이야기가 나온 김에 마진(Margin, 원가와 판매가의 차액)에 대해서도 한 번 얘기해 보겠습니다. 앞서 설명한 잘 팔리는 상품의 7가지 요건 상당수를 충족했다 하더라도 결국 마진이 남지 않으면 그건 계속 팔 수 있는 상품이 아닙니다.

제 경험상 마진은 못해도 최소 25%는 나오는 게 좋습니다. 왜 그럴까요? 상품을 만드는데 원가 50%가 든다고 가정해 보겠습니다. 스마트스토어 수수료는 3.5%고 고객에게 리뷰 혜택으로 5%가 소모됩니다. 여기까지 원가를 제외하면 8.5%죠? 계산하기 편하게 약 10%로 잡는다면 스토어에서 상품이 하나 팔릴 때마다 나에게 실제 정산되는 금액은 10%를 뺀 90% 마진으로 봐야 합니다.

이 90%에서 원가 50%를 빼면 순 마진이 40%입니다. 이 40%에서 광고비를 15% 쓴다고 가정하면 25%가 남습니다. 뭘 팔아도 이 25%의 마지노선은 갖고 있어야 하는데요. 성수기에는 광고도 경쟁이 붙어서 평소보다 더 많은 광고비가 지출됩니다. 이걸 5%로 잡습니다. 게다가 무슨무슨 날, 무슨무슨 데이를 기념해 10% 할인 프로모션을 한다면 15%가 빠집니다.

그러면 순 마진이 10%가 남습니다.

여기에 우리는 부가세도 고려해야 합니다. 매출 부가세에서 매입 부가세를 뺀 차액을 매출 금액의 5% 정도 잡는데, 이 5% 이상의 순수익은 보장해 두어야 분기마다 부가세를 낼 수 있습니다. 10%에서 부가세 5%를 빼면 그래도 5%가 남죠? 즉, 마진이 최소 25%는 되어야 온갖 지출이 다 빠지더라도 최소한 적자는 면할 수 있다는 말이 됩니다.

물론 마진이 나오지 않더라도, 때로는 적자를 봐서라도 팔아야 하는 경우도 있습니다. 프로모션을 위한 미끼 상품이 한 예입니다. 마켓컬리가 초창기에 회원을 모을 때 적자를 감수하고 100원 미끼 상품을 내걸어 회원가입을 유도했던 것처럼요. 마지막으로 어떤 상품이냐에 따라 가격 설정에 참고할 수 있는 3가지 개념을 알려드리겠습니다. 바로 가성비, 가심비, 가안비입니다.

가성비, 가심비, 가안비

가성비	가심비	가안비
가격 대비 성능이 좋은 상품	가격 대비 소비자 만족도가 좋은 상품	가격 대비 안전성이 좋은 상품

일단 가성비는 이 셋 중 가장 친숙한 개념일 것입니다. 아수스, 레노버

노트북은 삼성, LG 노트북에 비해 가성비가 좋죠. 주로 생필품, 성능 비교가 되는 상품군은 가성비를 많이 따집니다. 예를 들어 휴대폰 보조배터리는 대부분 가격대마다 충전 용량, 충전 속도가 엇비슷합니다. 그러면 저렴한 가성비로 갈 수밖에 없죠.

내 상품이 가성비 상품이라면 시장 전체에서 어디에 포지셔닝을 할 것인가 정해서 더 저렴한 가격을 정해줘야 합니다. 그리고 '이 정도 되는 상품을 이 가격에 살 수 있다니 가성비가 진짜 좋은 걸?' 하는 느낌을 주면 좋습니다. 이를 위해 상품 구성을 풍부하게 보여줘야 합니다.

가심비 상품은 가격 대비 만족도가 높은 상품입니다. 예를 들어 앞에서 보여드린 애착비누 몰랑이는 시중의 다른 비누 만들기 키트와 성능은 동일합니다. 다만 몰랑이 IP(Intellectual Property Rights)를 사용했기에 가격 대비 만족도가 높았습니다. 가성비 상품은 경쟁사 상품보다 가격을 좀 더 낮게 설정해야 하지만, 가심비 상품은 경쟁사보다 가격을 조금 더 높게 설정하는 게 좋습니다. 가심비 상품에서 중요한 포인트는 '이 정도 퀄리티면 내가 돈을 여기까진 지불할 수 있겠는데?'라는 느낌을 주는 것입니다. 이 상품을 구매하면 얻게 될 혜택을 풍성하게 보여줘야 합니다. '나는 이 상품을 이런 용도로만 쓸 수 있을 거라 생각했는데 이렇게도 가능하네?' 이러한 마음이 들도록 다양한 활용방안을 보여주는 편이 좋습니다.

마지막으로 가안비 상품은 가격 대비 안정성입니다. 예를 들어 코로나 19때 KF80과 KF94 마스크가 있으면 조금 더 비싸도 사람들은 KF94 마스크를 삽니다. 메이드 인 차이나(Made in China)보다는 메이드 인 코리아(Maid in Korea)를 더 선호하겠죠. 마스크처럼 건강과 직결되거나, 홍삼처럼 먹는 상품은 너무 저렴해도 사람들이 싼 게 비지떡이라고 생각합니다. 위생용품, 농수산물 가공식품 등이 가안비 상품에 해당합니다. 만약 내 상품이 가안비 상품이고 타사 상품보다 더 안전하다면 그 신뢰 요소를 적극적으로 드러내고 가격을 높여도 됩니다.

내 상품의 브랜드 스토리는 어떻게 개발해야 할까요?

앞서 내 상품의 옵션을 여러 개 만들어서 업 셀링을 통해 객단가를 높이는 방법을 알아봤는데요. 이번에는 옵션 없이도 내 상품을 최대한 매력적으로 보여줘서 객단가를 높이는 방법의 하나인 브랜드 스토리에 대해 알아보겠습니다.

브랜드 스토리가 중요하다고 앞에서도 몇 번 언급했었죠. 소비자 구매 경로에 따르면 사람들은 상품을 살 때 나와 경쟁사 상품을 놓고 고민하는데, 이때 내 상품에 브랜드 스토리가 있다면 더 기억에 잘 남아 선택받을 확률을 높일 수 있습니다.

또한 탐스 슈즈와 에비앙 생수의 사례와 같이 스토리 자체가 매력적인 차별화 포인트가 될 수 있다고도 말씀드렸고, 사람들이 가격이 조금 더 비싸더라도 탐스 슈즈와 에비앙을 사는 것처럼 잘 만든 스토리는 객단가를 높이는 요소도 됩니다. 상품 자체는 경쟁사와 비슷할 수 있지만 스토리는 누가 흉내를 내거나 카피할 수 없는 나만의 고유한 것이니까요.

이렇게 중요한 브랜드 스토리가 내 상품에도 꼭 있어야겠죠? 시중에 대단한 브랜드와 비교했을 때 이렇다 할 개발 비화, 비하인드 스토리가 없어도 괜찮습니다. 모든 상품에는 나름대로 그 상품을 만들게 된 계기나 소싱하게 된 계기가 있기 마련이거든요. 화려한 스토리가 아니더라도 소박하지만 진실성 있는 이야기가 오히려 더 좋은 반응으로 이끕니다. 방금 말씀드렸다시피 스토리텔링에도 개발자 브랜드 스토리와 판매자 브랜드 스토리라는 2가지 종류가 있습니다.

진공 뚜껑 개발자 브랜드 스토리

먼저 개발자 브랜드 스토리란 이런 겁니다. 제가 파는 상품 중 '밧드용 진공 뚜껑'이 있습니다. 음식점을 운영하는 사장님들은 스테인리스 밧드를 많이 사용하시죠. 그 밧드에 뚜껑을 덮고 펌프질을 하면 밧드 안의 공기가 빠져나가 식자재를 진공 보관할 수 있는 상품입니다.

이 상품은 실제 북창동에서 갈빗집을 운영하는 사장님이 만드셨는데요. 기껏 예약에 대비해 인원수 맞춰 고기를 준비해놨는데 예약 취소, 노쇼(No Show)로 유통기한이 지나 버려지는 고기가 생기자 '어떻게 손실을 줄일까?'에 관한 고민 끝에 고기를 오래 보관할 수 있는 진공 용기를 만드신 것입니다.

이처럼 상품을 직접 제조한 경우 다들 뭔가 이유가 있어서 그 상품을 만들었을 것입니다. 그 개발 비화를 진솔하게 풀어내면 그것이 곧 브랜드 스토리가 됩니다. "하지만 저는 상품을 직접 만든 개발자가 아니라 이미 만들어진 상품을 가져온 유통업자인데 그러면 브랜드 스토리를 만들 수 없나요?"

그렇지 않습니다. 유통하는 사람 역시 세상에 많고 많은 상품 중에 왜 하필 이 상품을 소싱하게 되었는지 이유가 분명히 있을 것입니다. 실제 셀렉트숍 상세페이지를 보면 'MD의 선택', '에디터의 픽(Pick)!'에서 왜 우리가 이 상품을 고르게 되었는지 이유를 해설하곤 합니다.

예전에 컨설팅을 도와드린 사례입니다. ABC주스를 판매하는 분인데 이분은 원래 ABC주스, 해독주스, 청혈주스에 아무런 관심이 없었습니다. 그런데 따님이 병원에서 소화 당뇨 진단을 받아 '어떻게 딸의 건강을 개선

WHY ABC JUICE?

"

사랑하는 우리 딸 은율이
건강관리를 위해 만들었습니다.

건강검진에서 혈압이 높다는 진단을 받은 초등학생 첫째 딸을 위해 찾고, 찾은 먹거리가 바로 비트였어요. 사과와 당근을 함께 갈아 넣어주니 참 잘 먹어주었습니다.

꾸준히 먹이고 싶었지만 워킹맘인 제가 매일 갈아주는 건 쉽지 않은 일이라 주스 완제품을 알아보게 되었습니다.

그런데 생각보다 아이와 가족을 위해 믿고 구매할 수 있는 주스를 찾기가 쉽지 않았습니다. 외국산 과채로 착즙하기까지 걸리는 오랜 시간이 걸리는 부분이 불편했습니다.

그래서 사과, 당근뿐만 아니라 비트까지 국내에서 100% 재배하는 서양채소 1위 전문 농장을 찾아 ABC주스를 직접 개발하게 되었습니다.

늘 귀한 것만 주고 싶은 엄마의 고집스러운 정성이 깃든 힐링 ABC주스로 사랑의 마음을 선물해드립니다. 감사합니다.

힐링ABC주스 판매자 브랜드 스토리

할 수 있을까?' 고심하던 중 ABC주스를 알게 된 것입니다.

처음에는 직접 주스를 만들어 먹이셨다고 합니다. 그러자 딸이 먹기 전에 비해 건강이 한결 나아지는 모습을 보였고, '주기적으로 먹여야겠다'라는 확신이 들어 딸이 안심하고 먹을 수 있는 ABC주스를 만드는 공장을 전국 방방곡곡 찾아다녔다고 합니다. 찾고 찾은 끝에 딸이 안심하고 먹을 수 있는 ABC주스 제조 공장을 발견하게 되었고, 그 주스를 사입해서 스마트스토어를 시작한 경우입니다.

이처럼 유통사는 상품을 소싱한 이유를 중심으로 스토리를 만들면 됩니다. 이 스토리가 구매 전환에도 크게 기여합니다. 내가 왜 이 상품을 개발했는지, 내가 왜 이 상품을 소싱했는지 상황과 이유를 보면서 소비자는 '맞아. 나도 그런 적이 있어' 하고 공감하면서 더 사고 싶은 마음이 듭니다.

그럼 이제 본격적으로 브랜드 스토리를 만들어보도록 합시다. 우리가 요리를 만들 때 먼저 재료를 준비하고, 레시피 순서대로 만드는 것처럼 스토리에도 일단 3가지 재료가 필요합니다.

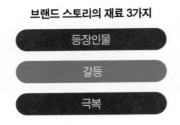

브랜드 스토리의 재료 3가지

등장인물

갈등

극복

이 3개의 소재를 가지고 아래의 순서대로 만들면 됩니다.

브랜드 스토리 만드는 순서

관점
결정하기 · 등장인물
설정하기 · 갈등상황
설정하기 · 극복상황
설정하기 · 종합해서
완성하기

예시로 공기찬 무릎보호대의 브랜드 스토리가 어떻게 만들어졌는지를 보여드리겠습니다. 보통 무릎보호대는 이미 무릎이 아픈 중·장년층이나 아직 무릎은 아프지 않은데 운동을 즐겨 하는 젊은 층이 무릎이 닳는 걸 예방하려고 많이 구매합니다.

하지만 공기찬 무릎보호대는 운동 시장은 배제하고 철저히 중·장년층을 타깃으로 만들어진 상품인데요. 제조한 사장님이 농사짓느라 무릎이 아픈 어머님을 생각해 무릎의 비틀림과 흔들림을 에어 스프링으로 꽉 잡아주는 무릎보호대를 개발한 사연이 있거든요.

① **등장인물** 대표님과 어머니
② **갈등** 어머니가 오랜 세월 농사를 지어서 무릎이 안 좋은데, 아픈 무릎을 참아가며 오늘도 농사를 지으러 나가신다
③ **극복** 어머니가 편하게 농사를 지을 수 있게끔 에어스프링과 지지대가 들어간 무릎보호대를 만들었다

여기까지만 해도 큰 뼈대는 세워지는 느낌이죠? 이 소재를 갖고 다시 5단계를 통해 스토리텔링을 만들어보겠습니다.

① **관점 결정하기** 벤처기업 대표가 농사짓느라 무릎이 아픈 어머니를 위해 무릎보호대를 개발했기에 개발자 브랜드 스토리에 해당합니다.

② **등장인물 설정하기** 대표님과 대표님의 어머니

③ **갈등 상황 설정하기** 대표님의 어머니는 대표님이 어릴 적부터 농사로 돈을 벌어 딸을 키웠습니다. 오랜 농사 때문에 어머니의 무릎은 점점 안 좋아졌고, 시중에 나온 여러 무릎보호대를 써봤지만 이거다 싶은 무릎보호대가 없었습니다.

④ **극복 상황 설정하기** 왜 그럴까? 많은 무릎보호대가 원단의 신축성과 벨크로만 이용해서 무릎을 잡아줍니다. 그런데 어머니는 이것만으로는 무릎의 통증을 완전히 다스릴 수 없었습니다. 무릎이 아픈 근본 원인은 일상생활을 하면서 알게 모르게 흔들리고 비틀리기 때문입니다. 이를 더 단단하게 잡아줄 방법을 고안하며 이런저런 시도 끝에 에어 스프링, 슬개링, 지지대를 넣어 삼중으로 고정하자 어머니가 편하게 농사일을 할 수 있게 되셨습니다.

⑤ **종합해서 완성하기**

이렇게 만들어진 공기찬 무릎보호대의 브랜드 스토리는 옆 페이지와 같습니다. 브랜드 스토리를 만들 때 중요한 건 우선 관점 부분에서 소비자의 공감을 얻어야 합니다. 공기찬의 이야기는 헬스 무릎보호대를 사려는 사람은 공감하지 않겠지만, 무릎 아픈 부모님에게 무릎보호대를 사드

공기찬 무릎보호대는
벤처기업 CEO인 딸이 농사 짓는 어머님을 위해
만든 제품입니다.

어머님이 여러 작물을 키우는데 마늘이나 생강
처럼 밭에서 자라는 농작물은 하루종일 조그려
앉아 작업해야 하고, 고추처럼 나무에서 자라는
작물은 서서 작업을 해야 합니다.

결과적으로 밭 한 바퀴 돌면서 하루 종일 앉았다
일어섰다하니 무릎이 많이 상하셔서
보호대를 사드렸는데도 이렇다
할 효과가 없어서 직접 연구,
개발, 제조에 나섰습니다.

그리하여 기존 보호대에
에어스프링을 더해
그날 그날 컨디션에
따라 내가 딱 원하는
압박강도를 만들 수
있는 공기찬을 만들게
된 것 입니다.

공기찬 무릎보호대 브랜드 스토리

리려는 자녀들은 공감할 것입니다.

또한 진실성이 있어야 합니다. 있지도 않은 허구의 이야기를 스토리로 써서는 안 됩니다. 브랜드 스토리로 뜬 탐스 슈즈가 몰락한 이유도 신발을 기부하는 것이 오히려 그 나라의 경제 생태계에 악영향을 미친다는 것이 드러나 진실성을 잃어서였죠. 그러므로 진실성을 바탕으로 스토리를 만드시길 바랍니다.

내 상품은 어떤 신뢰도를 보여줄 수 있을까요?

브랜드 스토리 외에 내 상품의 객단가를 높일 수 있는 다른 요소는 신뢰도입니다. 소비자는 판매자의 말을 곧이곧대로 믿지 않으려는 경향이 있습니다. 상품 판매자는 당연히 내 상품이 제일 좋다고 말할 게 뻔하니까요. 그래서 내 상품이 이렇게 좋다고 어필하는 것과는 별개로 사람들이 내 말을 믿게 만드는 것 역시 필요합니다.

그러기 위해서는 상세페이지를 통해 내 상품의 신뢰 요소를 보여줘야 합니다. 신뢰 요소를 통해 내 상품이 좋은 이유, 내 상품을 사야 하는 이유가 설득되면 구매 전환율 상승에도 영향이 있고 무엇보다 객단가를 올려 받을 수 있습니다. 그럼 내 상품의 신뢰도를 높이는 요소에는 무엇이 있을까요?

일단 제일 먼저 떠오르는 것은 고객 후기일 것입니다. 신뢰도에는 소비자에 의한 신뢰도와 판매자에 의한 신뢰도가 있는데요. 고객 후기는 소비자에 의한 신뢰도에 해당합니다. 그런데 소비자에 의한 신뢰도는 내 상품을 돈 주고 직접 써본 사용자가 후기, 리뷰를 남겨야 하니까 이제 막 상품을 등록한 직후에는 없겠죠.

따라서 처음에는 상세페이지를 통해 판매자에 의한 신뢰도를 보여준 후, 리뷰 이벤트를 열어야 합니다. 그러면 소비자 구매경로를 통해 유입된 고객이 상세페이지의 신뢰 요소와 리뷰 이벤트 배너를 보고 상품을 산 다음 후기, 리뷰를 남기기 시작할 것이고 점점 소비자에 의한 신뢰도가 형성되기 시작합니다.

리뷰 이벤트를 진행하는 방법은 파트 6에서 배워보도록 하겠습니다. 여기서는 내 상품이 보여줄 수 있는 판매자에 의한 신뢰도가 무엇이 있는지부터 살펴보겠습니다.

판매자에 의한 신뢰도 가지

브랜드 스토리에 의한 신뢰도

생산 환경에 의한 신뢰도

기술력, 특허에 의한 신뢰도

인증에 의한 신뢰도

유명 인플루언서 혹은 권위자에 의한 신뢰도

① 브랜드 스토리에 의한 신뢰도

먼저 브랜드 스토리입니다. 앞에서 보여드린 진공 밧드 뚜껑, ABC 주스의 사례를 떠올려봅시다. 상세페이지에 이 브랜드 스토리가 있는 것과 없는 것은 신뢰도 부분에서 차이가 확 나지 않을까요? 전문성이 중요한 상품이라면 특히 그럴 것입니다.

② 생산 환경에 의한 신뢰도

진공 뚜껑 생산 환경 신뢰도

앞에서 보여드린 진공 밧드의 상세페이지 내용입니다. 국내 기술, 국내 소재, 국내 제조를 강조했는데요. 만약 내 상품이 '메이드 인 코리아 (Made in Korea)'라면 중국 제조가 아니라 국내 공장에서 위생, 청결을 엄격히 지킨 상태에서 만들어진다는 사실을 어필하면 신뢰를 얻을 수 있습니다. 특히 식품, 화장품처럼 먹거나 피부에 닿는 것들은 청결한 제조 환경이 더욱 중요한 상품군입니다. 깔끔하게 청소된 공장에서 위생복을 입은 직원들이 일하는 모습을 사진으로 찍으면 효과가 좋습니다.

③ 기술력, 특허에 의한 신뢰도

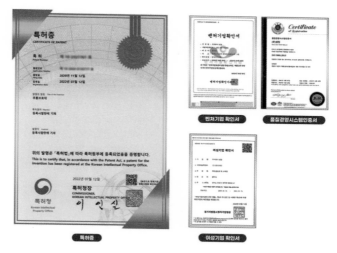

공기찬 무릎보호대 특허 신뢰도

공기찬 무릎보호대 상세페이지에는 기술 특허, 벤처기업확인서가 첨부되어 있습니다. 만약 내 상품이 기능의 차별화가 있어서 이에 대한 특허가 있다면 이를 보여주면 신뢰도를 얻을 수 있습니다.

④ 인증에 의한 신뢰도

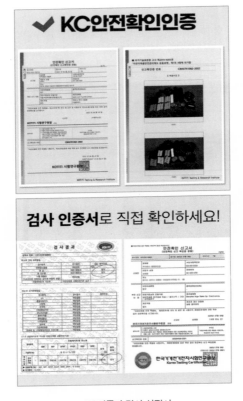

KC인증과 검사 성적서

KC 인증은 스마트스토어로 상품을 살 때 많이 보셨죠? 상품에 따라서 KC 인증 외에도 여러 기관의 인증을 받아야 하는 경우가 있습니다. 인증서를 첨부해 까다로운 검사를 모두 문제없이 통과했다는 걸 보여주면 신뢰도를 높일 수 있지요.

⑤ 유명 인플루언서 혹은 권위자에 의한 신뢰도

마지막으로 유명 인플루언서, 권위자에 의한 신뢰도입니다.

데일리안 PiCK 2023.02.12. 네이버뉴스

"잡지 대신 언니 인스타 봐요" 패션업계, '인플루언서' 마케팅 집중
비주얼과 핏이 중요한 패션업계는 모델 및 인플루언서 마케팅이 강세를 보이는 산업군 중 하나다. 특히 최근에는 감각적인 취향과 개성적인 패션을 선보이는 SNS...

인플루언서 관련 뉴스 기사

요즘은 중소기업부터 대기업에 이르기까지 인스타그램, 유튜브 인플루언서와 콜라보레이션하는 일이 많죠. 그만큼 효과가 있기 때문입니다. 팔로워들이 뷰티 인플루언서가 추천하는 화장품을 사고, 패션 인플루언서가 추천하는 옷을 입고, 푸드 인플루언서가 추천하는 음식을 사 먹고 맛집에 가니까요.

내 상품에 정말 자신감이 있다면 해당 분야의 권위자 혹은 유명 인플루언서와 협찬해서 '유명한 ○○ 교수님이 추천한 그 상품!', '유명한 ○○ 원장님이 추천한 그 상품!', '유명한 인플루언서 ○○님이 추천한 그 상품!' 등의 내용을 상세페이지에 넣으면 신뢰를 줄 수 있습니다.

당그니 3d펜은 유튜버 베○님과 콜라보레이션을 한 적이 있습니다. 장난감 리뷰를 주로 하는 키즈 인플루언서인데 구독자가 56.5만 명입니다. 인플루언서 마케팅의 효과는 확실했습니다. 영상 두 편이 각각 조회 수 10만, 17만 회를 기록했으니까요.

소비자가 상품을 구매할지 말지 고민하는 단계에서 우리가 통제할 수

당그니 3d펜 인플루언서 신뢰도 사례

있는 변수는 '상세페이지를 얼마나 매혹적으로 만드느냐', '내 상품의 신뢰도를 얼마나 많이 보여주느냐', '지금 사야 이득인 이벤트로 구매 시기를 앞당기느냐'라는 이 3가지가 전부입니다. 신뢰도는 상세페이지, 이벤트와 더불어 매출을 만드는데 중요한 요소이므로, 내 상품이 보여줄 수 있는 신뢰도를 최대한 많이 찾아내어 상세페이지에 꼭 표현해 주시길 바랍니다.

잘 팔리는 상품의 필수 조건 7가지	
1. 내가 좋아하고 잘 아는 상품인가?	
2. 대중성이 있는가?	
3. 노출기회가 많은가?	
4. 트렌드에 부합하나?	
5. 고관여도 상품인가?	
6. 매력적인 차별화가 있는가?	
6-1. 새로운 기능, 불편함 해소	
6-2. 디자인	
6-3. 저렴한 가격, 가성비	
6-4. 상징, 자기과시, 자기만족	
6-5. 스토리텔링	
7. 임팩트가 있는가?	
구매자, 사용자, 구매결정자	
1. 구매자	
2. 사용자	
3. 구매결정자	
상품의 구매 동기 5가지	
1. 필요에 의한 구매	
2. 안전에 의한 구매	
3. 애정 소속에 의한 구매	
4. 존중에 대한 구매	
5. 자아실현에 대한 구매	
객단가 1. 브랜드스토리	
1. 관점	
2. 등장인물	
3. 갈등상황	
4. 극복상황	
객단가 2. 업셀링	
1. 추가 상품	
2. 연관 상품	
3. 원 플러스 원	
4. 노출 가격	
객단가 3. 신뢰도	
1. 소비자 후기	
2. 브랜드의 신뢰도	
3. 판매자의 신뢰도	
4. 제조 공장의 신뢰도	
5. 특허, 인증	
6. 공신력 있는 인물의 추천	
7. 공신력 있는 기관의 추천	

아이템 리포트 프레임워크

당그니3d펜으로 알아보는 실전 아이템 리포트 만들기

앞서 상품과 객단가에 대해 정말 많은 걸 살펴봤습니다. 지금부터는 그동안 설명한 이론을 내 상품에 실제 적용해서 스프레드시트 한 장으로 요약해보는 시간을 가져보겠습니다. 내 상품의 모든 정보를 일목요연하게 볼수 있는 '아이템 리포트'를 제작해 볼 건데요.

아이템 리포트라고 해서 거창한 게 아닙니다. 내가 판매할 상품 하나를 놓고 저희가 그동안 배운 상품에 관한 개념을 하나씩 하나씩 채워보는 실습 시간입니다. 2022년, 제 회사 매출의 1등 공신 당그니 3d펜을 예시로 아이템 리포트 작성하는 과정을 보여드리겠습니다.

가장 먼저 잘 팔리는 상품의 7가지 조건을 보겠습니다. 첫 번째 조건은 충족합니다. 저는 완구를 파는 데에는 자신이 있거든요. 또 딸이 둘이라 장난감을 사주는 아빠의 입장을 잘 알기에 소비자 상황에 깊이 공감할 수

잘 팔리는 상품의 필수 조건 7가지	
1. 내가 좋아하고 잘 아는 상품인가?	O 내가 잘 아는 유아 완구 카테고리
2. 대중성이 있는가?	△ 누구나 알진 않지만 검색량이 제법 있음
3. 노출기회가 많은가?	O 세부 키워드가 많다
4. 트렌드에 부합하나?	O 언제든지 팔 수 있다
5. 고관여도 상품인가?	O
6. 매력적인 차별화가 있는가?	O
6-1. 새로운 기능, 불편함 해소	X 기존 3d펜과 기능은 같다
6-2. 디자인	O 아이가 좋아하는 귀여운 당근 모양 디자인
6-3. 저렴한 가격, 가성비	X 객단가는 오히려 높아졌다
6-4. 상징, 자기과시, 자기만족	O 얼리어댑터가 된 느낌, 결과물을 SNS에 자랑
6-5. 스토리텔링	O
7. 임팩트가 있는가?	O 손에 짜도 화상을 안 입는 저온 필라멘트

당그니 3d펜 잘 팔리는 상품의 필수 조건 7가지 실습

있습니다.

대중성은 세모를 쳤습니다. 3d 프린터는 누구나 알지만 아직 3d펜은 알 사람만 알더군요. 3d펜 아티스트로 사○고라는 유튜버가 유튜버가 유명한데, 유재석처럼 대중적으로 유명한 인플루언서는 아니었습니다. 그러나 3d펜 시장 자체가 키워드 검색량은 제법 있는 편입니다. 그 검색량이 1~2개의 대표 키워드에만 쏠린 것도 아니라 세부 키워드도 다양했습니다. 제가 상품을 고를 때 중요하게 보는 조건인 '많은 노출 기회가 보장된 상품'이었죠. 계절상품이 아니라 언제든지 팔 수 있었지만 12월 크리스마스와 5월 어린이날이 최대 성수기였습니다. 트렌드에 부합하니 진입 타이밍은 문제없었습니다.

또한 3d펜은 원래 성인용이라 고온 이슈가 있기에 고관여 상품이었습니다. 구매자인 부모님들이 여러 어린이 3d펜을 놓고 상세페이지, 리뷰를 꼼꼼하게 읽고 구매하는 상품이라 준비만 잘 갖춰놓으면 신규 상품도 충

분히 승산이 있었습니다.

가장 중요한 매력적인 차별화도 당연히 있었습니다. 애당초 당그니 3d 펜은 3d펜 카테고리에 대해 시장조사를 다 마친 후 개발한 기획 상품입니다. 기존 성인들이 쓰던 3d펜의 타깃을 어린이로 바꾸면서 아이들이 좋아할 디자인으로 차별화점을 가진 기획 상품이거든요. 따라서 가장 큰 매력적인 차별화는 디자인이 됩니다.

디자인의 차별화가 되니 귀여운 당그니를 자랑할 수 있어 상징의 차별화도 따라오고요. 개발 비화가 있으니 스토리의 차별화도 갖췄습니다. 반면 성능은 기존 저온 3d펜과 똑같았기에 차별화가 없었고 객단가는 오히려 높였기에 5가지 차별화 중 3가지를 가지고 있었습니다.

작품을 만드는 3d펜이다보니 임팩트 있는 콘텐츠를 보여줄 수 있는 상품이었습니다. 아이들이 당그니 3d펜으로 만든 멋진 결과물을 보여줄 수도 있고, 사람 피부에 필라멘트를 바르는 GIF를 보여주면 저온 3d펜의 강점을 전달할 수 있었습니다.

구매자, 사용자, 구매결정자	
1. 구매자	부모님
2. 사용자	아이
3. 구매결정자	아이와 부모 둘 다

당그니 3d펜 구매자, 사용자, 구매결정자 실습

이 상품은 부모가 아이에게 사주기에 구매자는 부모님, 사용자는 아이가 됩니다. 구매결정자는 아이와 부모 둘 다가 되는데요. 아이에게 완구를 사주고 싶은데 애들에게 교육적 효과가 있는 완구를 사주고 싶어서 검색하다가 당그니를 구매한 부모님도 계시고, TV 광고나 유튜브 등으로 '당그니 3d펜을 갖고 싶다'고 아이가 부모를 조르는 일도 있기 때문입니다.

상품의 구매 동기 5가지	
1. 필요에 의한 구매	△ 생필품은 아니나 아이와 놀아줘야 할 필요성
2. 안전에 의한 구매	X
3. 애정 소속에 의한 구매	O 아이에게 선물
4. 존중에 대한 구매	O 결과물을 자랑
5. 자아실현에 대한 구매	X

당그니 3d펜 구매동기 실습

다음은 상품의 구매 동기입니다. 필요성에는 세모를 쳤습니다. 이 상품은 생필품은 아니라 생리적 욕구와는 관계가 없습니다만, 부모가 아이와 놀아줘야 하는 필요성은 있으니까요. 안전용품도 아니었고 가장 주된 욕구는 애정 소속과 존중이라는 2가지 욕구였습니다.

부모가 아이에게 선물로 사주는 상품이니 애정 소속이 가장 크고, 귀여운 당그니를 자랑하고 당그니로 만든 작품을 과시할 수 있으니 존중의 욕구도 강한 상품입니다. 따라서 상세페이지에는 이걸 선물 받아 행복해할 아이

객단가 1. 브랜드스토리	
1. 관점	제품 관점 (제품 개발 비화)
2. 등장인물	딸 아이와 아빠
3. 갈등상황	딸아이가 DIY 완구를 좋아하는데 이렇다 할 상품이 없다. 3d펜을 사주고 싶은데 고온 3d펜은 위험성도 있고, 저온 3d펜은 아이를 위한 디자인이 없다.
4. 극복상황	3d펜의 모양을 따라가되 아이도 좋아할 디자인이 뭐가 있을까 고민하던 중 귀여운 미니 당근을 보고 당근 모양 저온 3d펜을 개발하다

당그니3d펜 브랜드 스토리텔링 실습

의 모습, 아이가 스스로 이렇게 창의적인 입체 작품을 만들어낸다는 걸 강조했습니다. 구매자와 사용자가 다르니 자아실현 욕구는 없었습니다.

이제 객단가 파트로 넘어가 브랜드 스토리 개발입니다. 앞서 당그니는 시장조사를 거쳐 디자인의 차별화를 내세워 만들어졌다고 했습니다. 실제로 개발 비화가 그렇습니다. 아이들은 3d펜을 좋아하는데 기존 어린이3d펜, 저온3d펜을 봐보니 성인용 3d펜과 디자인에 큰 차별화가 없었습니다.

3d펜이면서 아이들이 좋아할 만한 디자인을 찾다가 펜과 체형이 비슷하게 생긴 미니 당근을 보고 '이거다!' 싶어서 당근 모양 저온 3d펜을 만들게 되었거든요. 이러한 이야기를 자연스럽게 적었습니다.

객단가 2. 업셀링	
1. 추가 상품	필라멘트
2. 연관 상품	없음
3. 원 플러스 원	집에 아이가 둘인 분을 위한 1+1 옵션
4. 노출 가격	5만 9800원 정가

당그니3d펜 업셀링 실습

한 번 팔 때 다른 옵션을 같이 팔아서 객단가를 높일 수 없는지 고민해볼 필요가 있습니다. 당그니는 연관 상품을 만들긴 힘들었지만 추가 상품이 있었습니다. 프린터를 사면 잉크를 계속 사야 하듯이 필라멘트를 계속 사야 하는 상품이거든요. 또 집에 아이가 둘 있으면 한 번 살 때 2개를 주문하는 경우가 많길래 1+1 옵션도 만들어서 업 셀링을 했습니다.

객단가 3. 신뢰도	
1. 소비자 후기	시작 단계에선 없고 판 이후 많이 생김
2. 브랜드의 신뢰도	없음
3. 판매자의 신뢰도	완구 전문 브랜드 오누즈의 신뢰도
4. 제조 공장의 신뢰도	없음
5. 특허, 인증	없음
6. 공신력 있는 인물의 추천	구독자 56만 명 키즈 인플루언서 베리의 추천
7. 공신력 있는 기관의 추천	없음

당그니 3d펜 신뢰도 실습

내 상품이 좋은 것과 그걸 믿을 수 있냐는 별개의 문제죠. 신뢰도 요소가 몇 가지가 있는지 살펴봤습니다. 구매자에 의한 신뢰도는 리뷰 이벤트를 한 다음의 일이니 넘어가고요. 판매자의 신뢰도를 점검했습니다.

당그니의 브랜드는 모두노리인데, 아이 완구를 전문으로 취급하기에 판매자의 신뢰도는 있다고 봤습니다. 그러나 대기업 브랜드는 아니니 브랜드의 신뢰도는 미묘했습니다. 만들어진 공장 환경도 다른 공장과 똑같았고, 특허가 있는 것도 아니었습니다. 대신 공신력을 더하기 위해 키즈 인플루언서에게 협찬했는데 긍정적인 평가를 얻을 수 있었습니다.

이렇게 정리를 해두면 내 상품 관련한 모든 정보를 한눈에 볼 수 있기에 추후 콘셉트 USP를 만들거나, 상세페이지를 만들 때 항상 참고할 수 있습니다. 여러분은 여러분의 상품을 놓고 실습해 보세요. 혹시 중간중간 개념을 잊어서 칸을 어떻게 채워야 할지 모르겠다면, 이전 파트로 되돌아가 해당 내용을 다시 한번 살펴본 다음 아이템 리포트를 만들어보시길 바랍니다.

PART 5

술술 팔려나갈
콘텐츠를
만들기 위한
사전작업, 시장조사

가장 먼저 해야 할 작업, 키워드를 찾는 법

지금까지 여러분은 잘 팔릴 상품을 고르고, 고른 상품에 대해서 아이템 분석을 진행하여 객단가를 높일 전략까지 다 짜셨습니다. 그렇다면 그다음은 뭘 해야 할까요? 많은 분들이 여기서부터 상품등록에 필요한 상세페이지와 섬네일 제작에 들어가는데요. 하지만 먼저 나무를 찍기 전에 도끼를 더 날카롭게 가는 단계가 필요합니다.

'상품에 관해서 그렇게 많은 걸 공부했는데 날을 더 갈아야 한다고요?'

안타깝게도 아직 만전의 준비가 되지 않았습니다. 소비자 구매경로에 의해 자연스럽게 구매가 발생하기 위해서는 8개의 퍼널을 다 끼워야 하는데 지금 '상품, 검색랭킹, 객단가, 만족도'라는 4개의 퍼널만 끼웠거든요. 이제 유입, 구매전환의 퍼널을 끼워야 하는데 그 전에 시장과 키워드라는 퍼널을 미리 끼워야 합니다.

유입, 전환 퍼널을 끼우기 전에 시장조사를 먼저 하는 이유는 그래야 고객을 설득할 수 있는 날카로운 콘텐츠를 만들 수 있기 때문입니다. 상세페이지를 만들기 전에 '우리 상품은 30대 남성이 많이 쓰겠지? 이러한 불편함 때문에 찾을 것이고 경쟁사보다 기능이 더 앞설 테니 그 부분을 강조해야겠어' 같은 가설을 세우게 될 텐데, 이는 실제 시장조사를 해보기 전까지는 나만의 막연한 상상에 불과합니다.

진짜로 내 상품의 대표 키워드를 검색해서 어떤 경쟁 상품이 있는지, 소비자는 어느 포인트에 반응하고 무엇 때문에 상품을 사는지 후기를 쭉 읽어보면 실제로는 나의 예상과는 다른 부분이 많다는 걸 알게 되죠. 단순한 감으로 상품을 팔아서는 안 됩니다. 어디까지나 자료에 근거해 계획적으로 행동해야 하지요. 그래서 경쟁사, 소비자를 조사해서 시장을 정확하게 파악해야 합니다.

시장조사를 하기 위해선 키워드가 필요한데요. 키워드는 시장조사 외에도 정말 다양한 부분에서 쓰이기에 시장조사를 하기 전에 먼저 키워드가 무엇인지 배우고 내 상품과 관련한 키워드를 뽑는 방법을 알아보겠습니다.

키워드란 무엇일까요? 키워드는 한 마디로 '소비자의 현재 생각을 글자로 표현한 것'입니다. 우리는 매일 네이버 검색창에 키워드를 넣어 검색하고 정보를 찾으면서 물건을 구매합니다. 이것이 키워드가 중요한 이유인데요. 우리가 스마트스토어를 하는 가장 큰 이유는 사람들이 키워드를 검색했을 때 내 상품을 보여주기 위해서죠.

그런데 아무 키워드나 1페이지 상위노출을 잡으면 될까요? 키워드 마다 사람의 검색 의도가 다르기 때문에 소비자가 내 상품을 구매할 키워드에 상품을 노출해야 합니다. 다시 말해 우리는 소비자가 우리 상품을 무슨 키워드로 검색해서 구매하는지를 알아야 합니다.

만약 키워드를 모르면 어떻게 키워드를 추출하고, 그 키워드를 어디에 사용해서 적합도를 맞출 수 있는지도 모릅니다. 또한 키워드를 알아야 내 상품 관련 경쟁사를 분석해서 본받을 점은 벤치마킹하고, 내 상품과 경쟁사 상품을 비교해 경쟁우위를 찾아 상세페이지에 넣을 수 있습니다. 섬네일 역시 경쟁사가 어떤 섬네일을 사용하는지 살펴보고, 우리는 그들과 다르게 눈에 띄는 섬네일을 만들어야 클릭 받을 수 있고요.

그렇게 경쟁사를 알았다면 다음으로 소비자에 대해 알아야 합니다. 소비자의 주의와 흥미가 형성되는 지점을 파악해야 내 상품을 어떻게 어필할 것인지, 상세페이지에 무슨 말을 해야 하는지 방향이 정해집니다. 앞으로 상품을 가지고 키워드, 경쟁사, 소비자를 분석한 마켓 리포트 만드는 과정도 설명하겠습니다.

우선 그 출발점인 키워드부터 알아볼까요? 먼저 내 상품 관련 키워드를 찾는 방법부터 말씀드리고, 그렇게 찾은 키워드를 같이 정리하면서 키워드를 분류하는 방법, 분류한 키워드를 사용하는 방법에 관해 설명하겠습니다.

제품 예시는 친숙한 당그니 3d펜으로 진행해 보겠습니다. 가장 먼저 알아야 할 것은 내 상품의 대표 카테고리입니다. 이 상품은 3d펜이니까 대표 카테고리는 3d펜이 되겠지요? 그러면 키워드 파악하기부터 시작해 봅시다.

키워드를 찾는 방법

키워드
파악하기 → 키워드
수집하기 → 키워드
조사하기 → 키워드
분석하기 → 상품명
결정하기

① 키워드 파악하기

3d펜이라는 대표 카테고리를 알았다면 이 키워드에 혹시 동의어, 오탈
자로 인한 파생 키워드는 없나 살펴봐야 합니다. 이게 무슨 말이냐고요?
상품 하나가 있으면 소비자는 다양한 방식으로 검색하는데, 그중 타이핑
이 어렵거나, 맞춤법을 잘 모르거나 하는 이유로 키워드가 더 생기는 상
황이 있습니다.

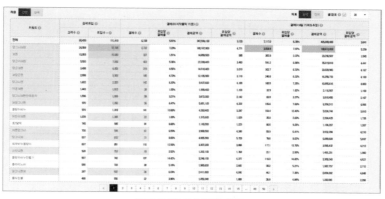

당그니3d펜 매출 발생 키워드

이는 당그니 3d펜이 어떤 키워드로 유입되어서 팔렸는지 나타내는 스

마트스토어 통계 자료입니다. 정식 명칭은 '당그니 3d펜'인데 당근이3d 펜, 당근3d펜, 3d당근펜, 당그니펜, 쓰리디펜 등으로 검색해서 상품을 구 입해간 고객들이 제법 많죠?

연관키워드 조회 결과 (330개)				
			월간검색수 ⑦	
전체추가	연관키워드 ⑦	⇕	PC ⇕	모바일 ⇕
추가	3D펜		4,200	32,900
추가	3D펜		120	820
추가	쓰리디펜		90	1,720
추가	3디펜		30	750
추가	삼디펜		< 10	10

3d펜 파생 키워드

키보드로 한 번 쳐보시면 아시겠지만 3d펜은 검색이 힘든 키워드입니 다. 숫자, 영어, 한글을 전부 입력해야 하고 '펜'을 '팬'으로 알고 검색하는 사람도 있습니다. 네이버 광고에 키워드 조회를 해봐도 대표 키워드는

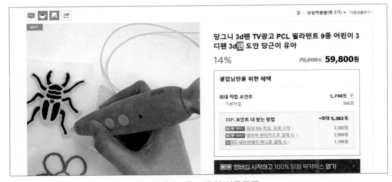

파생 키워드를 이용한 상품등록

3d펜이 맞지만 3d는 쓰리디로 바꾸거나, 펜을 팬으로 바꿔도 검색량이 있는 걸 볼 수 있죠?

　제가 상품명에 당근이와 3d팬을 넣은 이유가 이 때문입니다. 정식 명칭은 당그니 3d펜이지만 펜 모양이 당근 모양이라 '당그니'가 아니라 '당근이'로 검색하는 고객이 제법 되더군요. '3d펜'도 '3d팬'으로 검색하는 사람이 꽤 있고요. 상품명에 아예 당근이와 3d팬을 포함시켜서 오탈자를 검색하는 사람에게도 상품을 보여준 것입니다.

연관키워드 ⑦	⬍	월간검색수 ⑦	
		PC ⬍	모바일 ▾
베개		29,900	234,200
베게		5,050	29,400
배게		9,590	57,000
배개		1,780	10,200

베개 파생 키워드

　우리가 잘 때 베고 자는 필로우(Pillow)의 정식 명칭은 '베개'지만 '베게', '배게', '배개'라고 검색하는 사람도 많습니다. 당장 저만 해도 ㅐ하고 ㅔ가

연관키워드 ⑦	⬍	월간검색수 ⑦	
		PC ⬍	모바일 ▾
강아지사료		7,720	66,000
개사료		1,260	7,410
애견사료		700	4,340
반려견사료		160	700
애완견사료		90	490

강아지 사료 동의어 키워드

헷갈립니다.

오탈자 외에 동의어도 활용할 수 있습니다. 강아지는 동의어가 참 많은 키워드입니다. 강아지, 개, 애견, 애완견, 반려견, 멍멍이, 댕댕이… 가장 많이 검색하는 대표 키워드는 강아지 사료지만 개사료, 애견사료, 반려견사료, 애완견사료 역시 검색량이 제법 됩니다.

혹시 여러분의 상품도 이런 오탈자와 동의어를 써먹을 수 있는 키워드인지 체크하셨다면 이제 키워드를 찾아보기 시작합니다.

② 키워드 수집하기

내 상품과 관련해서 어떤 키워드가 있는지는 자동완성어, 연관검색어만 살펴봐도 어느 정도 알 수 있습니다. 여기서 더 많은 키워드를 알고 싶다면 네이버 검색 광고의 키워드 도구에 들어가서 추가 발굴이 가능하고

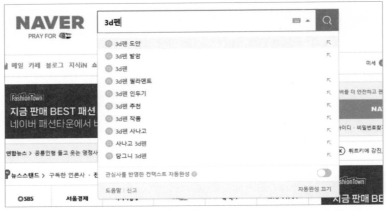

네이버 자동완성어 수집

요. 여기서는 자동완성어, 연관검색어까지만 키워드를 수집해보겠습니다. 먼저 네이버로 들어가주세요.

검색창에 3d펜을 입력하면 자동완성어가 뜹니다. 이 키워드를 수집하면 됩니다. '사나고 3d펜' 같은 브랜드명 키워드는 상품명 짓는 데 직접 쓰지는 못하지만, 경쟁사 조사에 쓸 수 있는 키워드입니다.

3d펜 도안, 3d펜 작품, 3d펜 발암 같은 키워드는 소비자 조사에 쓸 수 있습니다. 자동완성어로 추천되는 키워드만 봐도 사람들이 3d펜을 구매하려고 검색하는 키워드도 있지만, 3d펜으로 어떤 작품을 만들 수 있는지 궁금해서 검색하는 키워드, 이미 3d펜을 갖고 있어서 도안을 프린트하려는 소비자도 있다는 사실을 알 수 있죠.

3d펜 발암 키워드는 이를 간과하고 상품을 팔았다 훗날 큰 이슈로 번질 수 있으니 검색해서 정보를 파악할 필요가 있습니다. 이는 소비자가 구매할 때 걱정하는 부분인데 우리 상품에 발암 이슈가 없다면 상세페이지에 넣어줄 수 있겠죠.

네이버 연관 검색어 수집

다음으로 연관검색어를 살펴보겠습니다. 역시나 경쟁사 조사에 쓸 수 있는 타사 브랜드 키워드가 있고 방금 전 자동완성어에는 없었던 '어린이 3d펜, 저온 3d펜, 무선 3d펜' 같은 키워드가 있습니다. 이 역시 수집해두었다가 내 상품과 결이 맞는다면 상품명에 적용해 볼 수 있을 것입니다.

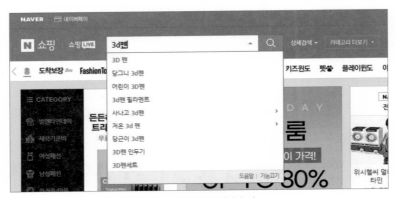

네이버 쇼핑 자동완성어 수집

네이버에서 자동완성어, 연관검색어를 다 살펴봤으니 이제는 네이버 쇼핑으로 들어가서 자동완성어를 다시 살펴보겠습니다. 대부분 키워드가 겹치긴 하지만 '3d펜 세트'라는 새로운 키워드를 발견했습니다.

네이버 쇼핑 연관 검색어 수집

바로 연관검색어로 넘어갑시다. 연관검색어는 프린터 관련 키워드가 많이 뜨는데요. 네이버 쇼핑에서 3d펜 키워드의 카테고리가 디지털/가전>주변기기>프린터>3D프린터로 분류되어 있기 때문입니다. 그러나 3D펜과 3D프린터는 엄연히 다른 상품이므로, 이를 써먹을 수는 없습니다. 여기서는 프린터 관련 키워드는 다 쳐내고 3d펜과 연관된 키워드만 수집해 주도록 합시다.

쿠팡 자동 완성어 수집

네이버, 네이버 쇼핑에서 볼 일을 마쳤으니 이제는 쿠팡으로 넘어가서 여기에서도 자동완성어와 연관검색어를 조사해 주시길 바랍니다. 네이버와 달리 '저온형 3d펜'이라는 새로운 키워드도 보이네요.

쿠팡 연관 검색어 수집

연관검색어에서는 새로운 키워드는 보이지 않으나 쓰리디펜으로 검색하는 사람이 있다는 걸 볼 수 있습니다. 이번에는 저희가 처음부터 3d펜을 다른 오탈자로 검색하는 사람이 있다는 걸 알고 들어갔지만, 이렇게 '키워드 조사 과정에서 내 상품이 오탈자 키워드가 있구나?' 하고 처음 눈치채는 일도 있습니다.

③ 키워드 조사하기

	A	B	C	D
1	키워드 (쇼핑)	PC	MO	카테고리
2	3d펜			
3	3d펜 필라멘트			
4	3d펜 인두기			
5	3d펜 추천			
6	어린이 3d펜			
7	저온 3d펜			
8	3d펜 저온			
9	무선 3d펜			
10	3d펜세트			
11	유아 3d펜			
12	저온형 3d펜			
13	3d펜 필라멘트			
14	어린이용3d펜			
15	쓰리디펜			
16				
17				

	F	G	H	I
1	키워드 (정보)	PC	MO	카테고리
	3d펜 도안			
	3d펜 발암			
	3d펜 작품			

	K	L	M	N
	키워드(브랜드)	PC	MO	카테고리
	3d펜 사나고			
	사나고 3d펜			
	당그니 3d펜			
	타이곤 3d펜			
	당근이 3d펜			
	듀이노 3d펜			
	카카오 3d펜			
	더블유아이3d펜			
	3d펜 당근펜세트			
	3d펜 당근펜			

수집한 키워드 정리

다음으로 할 일은 구글 스프레드시트나 엑셀을 켜서 지금까지 네이버, 네이버 쇼핑, 쿠팡 자동완성어, 연관검색어로 수집한 키워드를 나열하는 것입니다. 다 모아놓고 보니 생각보다 많은 키워드가 모였습니다.

총 27개 키워드를 제가 3개의 그룹으로 나눴는데요. 여기서 알아야 할 것이 키워드를 분류하는 기준입니다. 먼저 키워드는 구매 의사에 따라 쇼핑 키워드와 정보성 키워드로 분류할 수 있습니다. 제가 처음 네이버 자동완성어로 키워드를 찾았을 때 '3d펜 도안, 3d펜 작품, 3d펜 발암' 키워드는 상품명에는 쓰지 못해도 소비자 조사에 쓸 수 있는 키워드라고 했었죠?

사람들은 상품을 구매하려고 키워드를 검색하기도 하지만, 정보를 얻고 싶어서 키워드를 검색하기도 합니다. 다시 말해 '3d펜 도안, 3d펜 작품, 3d펜 발암' 키워드는 상품을 구입하기보다는 3d펜으로 만든 작품을 구경하고 싶고, 도안을 다운로드하고 싶고, 발암이 걱정되어서 3d펜을 써도 되는지 정보를 알아보려는 키워드입니다.

이런 정보성 키워드는 네이버에 검색해도 네이버 쇼핑이 안 뜨거나 뒤늦게 뜨기에 상품명에 쓰기는 힘듭니다. 대신 소비자가 왜 이런 키워드를 검색하는지 이유를 알아내면 '상세페이지에 이런 내용을 넣으면 더 잘 팔리겠다'라는 힌트를 주는 역할을 하죠.

반면 '3d펜, 3d펜 필라멘트, 3d펜 인두기, 어린이 3d펜, 무선 3d펜' 같은 쇼핑 키워드는 상품을 찾는 키워드입니다. 처음부터 물건을 사기 위해 검색하는 키워드이므로 여러분은 이 쇼핑 키워드 중에서 내 상품과 결이 맞는 키워드를 최대한 많이 찾아내서 상품명을 지어야 합니다.

두 번째 분류로 대표 키워드와 세부 키워드가 있는데요. 쇼핑 키워드를 보셨을 때 카테고리를 대표하는 키워드가 뭘까요? 당연히 3d펜이 가장 범위가 넓으니 카테고리를 대표하는 대표 키워드가 됩니다. 그리고 그 밑에 하위 카테고리, 세부 카테고리로 어린이 3d펜, 무선 3d펜이 있겠죠.

대부분 대표 키워드는 검색량이 많은데 세부 키워드는 검색량이 적습니다. 그리고 매력적인 상품의 조건에서 말씀드렸다시피 스마트스토어에서 팔기 좋은 상품은 카테고리 전체 키워드 검색량이 많으면서 이 세부 키워드가 많은 상품입니다.

이렇게 수집한 키워드를 쇼핑 키워드냐 정보성 키워드냐에 따라 분류

연관키워드 ⑦	월간검색수 ⑦	
	PC	모바일
3D펜	4,120	32,600
3D펜필라멘트	300	2,170
3D펜추천	90	490
어린이3D펜	90	1,320
3D펜인두기	120	1,030
싸촌3D펜	150	1,010
3D펜	150	850
PLA필라멘트	440	620
쓰리디펜	90	1,680
3D프린터재료	100	110

키워드 검색량 조사

하고, 경쟁사 브랜드 키워드는 따로 한편에 빼둡시다. 경쟁사 브랜드 키워드는 경쟁사 조사에 사용할 수 있습니다. 그러면 일차적으로 쇼핑 키워드, 정보성 키워드, 경쟁사 브랜드 키워드 3개의 그룹으로 분류됩니다. 그런 다음 키워드 검색량을 조사해서 대표 키워드를 위에 두고 세부 키워드를 아래에 두는 식으로 수집한 키워드를 보기 편하게 정리할 수 있습니다.

A 키워드 (쇼핑)	B PC	C MO	D 카테고리
3d펜	4120	32600	
3d펜	150	850	
쓰리디펜	90	1680	
쓰리디펜	10	50	
3디펜	20	730	
3디펜	10	10	
3d펜 필라멘트	300	2170	
3d펜 인두기	120	1030	
3d펜 추천	90	490	
어린이 3d펜	90	1320	
저온 3d펜	150	1010	
3d펜 저온	10	140	
무선 3d펜	10	30	
3d펜세트	10	110	
유아 3d펜	10	120	
저온형 3d펜	10	40	
3d펜 필라멘트	300	2170	
어린이용3d펜	10	190	

F 키워드 (정보)	G PC	H MO	I 카테고리
3d펜 도안	1010	1930	
3d펜 발암	230	1510	
3d펜 작품	70	340	
3D펜가격	70	400	
3D펜교육	30	20	

K 키워드(브랜드)	L PC	M MO	N 카테고리
3d펜 사나고	60	460	
사나고 3d펜	730	6540	
당그니 3d펜	290	4620	
타이콘 3d펜	60	930	
당근이 3d펜	40	750	
듀이노 3d펜	20	230	
카카오 3d펜	10	90	
더블유아이3d펜	10	10	
3d펜 당근펜세트	10	10	
3d펜 당근펜	10	10	

키워드 검색량 기입

네이버 광고에 로그인한 후 우측 상단 광고시스템 클릭·도구·키워드 도구로 들어가서 여태까지 수집한 키워드의 월간 검색 수를 체크해서 스프레드 시트에 적어주세요. 한 번에 최대 5개 키워드의 검색량을 알 수 있으니 5개씩 끊어서 검색하시면 됩니다.

검색량 파악이 끝났습니다. 아직 조사할 것이 하나 더 남았습니다. 키워드 검색량 옆에 카테고리 칸이 비어있죠? 파트 2에서 내 상품의 대>중>소>의 세 카테고리가 무엇인지 파악하고, 상품명 50자에는 대>중>소가 같은 카테고리를 써야 적합도 점수를 높게 받을 수 있다고 했었습니다.

당그니 3d펜 카테고리

내 상품 카테고리 찾는 법은 간단합니다. 네이버 쇼핑에 들어가서 대표 카테고리인 3d펜을 검색해 주세요. 맨 첫단에 ⓘ광고 아이콘이 붙은 상품이 뜰 것입니다. 쇼핑 검색 광고를 통해 노출된 상품이죠. 드래그를 내리면 광고가 안 붙은 상품이 뜨는데, 그 상품의 대>중>소>라는 세 카테고리에 우리가 들어간다고 생각하면 됩니다. 우리 상품의 카테고리는 디지털/가전>주변기기>프린터>3D프린터입니다.

우리가 들어가야 할 카테고리를 알았으니 이제 수집하고 분류한 키워드가 어떤 카테고리인지 알아내서 적어줍시다. 이것 역시 네이버 쇼핑에 키워드를 검색해서 쇼핑 검색광고를 제외하고 첫 번째로 뜨는 상품의 카테고리를 그대로 기재해 주시면 됩니다. 여기서는 정보성 키워드, 타사 브랜드 키워드는 내버려 두고, 상품명 짓는 데 쓸 수 있는 쇼핑 키워드까지만 카테고리를 찾아보겠습니다.

④ 키워드 분석하기

	A	B	C	D
	키워드 (쇼핑)	PC	MO	카테고리
2	3d펜	4120	32600	디지털/가전 > 주변기기 > 프린터 > 3D프린터
3	3d펜	150	850	디지털/가전 > 주변기기 > 복합기/프린터소모품 > 3D프린터 소모품
4	쓰리디펜	90	1680	디지털/가전 > 주변기기 > 프린터 > 3D프린터
5	쓰리디펜	10	50	디지털/가전 > 주변기기 > 복합기/프린터소모품 > 3D프린터 소모품
6	3디펜	20	730	디지털/가전 > 주변기기 > 복합기/프린터소모품 > 3D프린터 소모품
7	3디펜	10	10	디지털/가전 > 주변기기 > 복합기/프린터소모품 > 3D프린터 소모품
8				
9	3d펜 필라멘트	300	2170	디지털/가전 > 주변기기 > 복합기/프린터소모품 > 3D프린터 소모품
10	3d펜 인두기	120	1030	생활/건강 > 공구 > 용접공구 > 인두기
11	3d펜 추천	90	490	디지털/가전 > 주변기기 > 프린터 > 3D프린터
12	어린이 3d펜	90	1320	디지털/가전 > 주변기기 > 프린터 > 3D프린터
13	저온 3d펜	150	1010	디지털/가전 > 주변기기 > 프린터 > 3D프린터
14	3d펜 저온	10	140	디지털/가전 > 주변기기 > 프린터 > 3D프린터
15	무선 3d펜	10	30	디지털/가전 > 주변기기 > 프린터 > 3D프린터
16	3d펜세트	10	110	디지털/가전 > 주변기기 > 프린터 > 3D프린터
17	유아 3d펜	10	120	디지털/가전 > 주변기기 > 프린터 > 3D프린터
18	저온형 3d펜	10	40	디지털/가전 > 주변기기 > 프린터 > 3D프린터
19	3d펜 필라멘트	300	2170	디지털/가전 > 주변기기 > 복합기/프린터소모품 > 3D프린터 소모품
20	어린이용3d펜	10	190	디지털/가전 > 주변기기 > 프린터 > 3D프린터
21				

F	G	H	I
키워드 (정보)	PC	MO	카테고리
3d펜 도안	1010	1930	
3d펜 발암	230	1510	
3d펜 작품	70	340	
3D펜가격	70	400	
3D펜교육	30	20	

K	L	M	N
키워드(브랜드)	PC	MO	카테고리
3d펜 사나고	60	460	
사나고 3d펜	730	6540	
당그니 3d펜	290	4620	
타이콘 3d펜	60	930	
당근이 3d펜	40	750	
듀이노 3d펜	20	230	
카카오 3d펜	10	90	
더블유아이3d펜	10	10	
3d펜 당근펜세트	10	10	
3d펜 당근펜	10	10	

카테고리 기입

자, 사진을 보면 우리가 들어가야 할 카테고리와 대>중>소>라는 세 가지가 일치하는 키워드도 있지만 그렇지 않은 키워드도 있습니다. 3d펜 키워드는 대(디지털/가전)와 중(주변기기)까지는 카테고리가 맞지만, 소(복합기/프린터 소모품)와 세(3D프린터 소모품)가 일치하지 않죠. 3d펜 인두기는 아예 대부터 틀립니다.

상품명을 지을 때는 대>중>소>세에서 대>중>소까지 카테고리가 일치하지 않는 키워드는 전부 지우고 대>중>소가 일치하는 키워드만 남겨보세요. 그 가운데 내 상품과 결이 맞는 키워드를 선택해서 50자를 채우면 됩니다.

저의 경우 당그니 3d펜은 어린이, 유아가 사용해도 괜찮은 선 없는 저온 3d펜이라 어린이 3d펜, 저온 3d펜, 저온 3d펜, 3d펜 저온, 무선 3d펜, 유아 3d펜, 저온형 3d펜, 어린이용 3d펜 키워드를 전부 사용할 수 있었습니다.

그런데 성인이 쓸 걸 상정하고 만들어진 3d펜은 필라멘트가 100도 이상의 고온에서 녹는 데다 무선형이 없습니다. 그런 상품에는 카테고리가 일치하더라도 저온, 무선, 어린이, 유아 같은 키워드를 쓰면 안 되겠죠. 키워드와 내 상품의 결이 다르기 때문입니다.

만약 이것보다 더 많은 키워드를 찾아야 한다면 네이버 검색 도구로 가서 대표 키워드를 입력하면 연관 키워드를 더 많이 열람할 수 있습니다. 보시면서 내 상품과 직접적인 관계가 있는 키워드를 그룹에 맞춰 스프레드시트에 추가하고 PC MO 검색량을 적은 후 네이버 쇼핑에서 카테고리를 확인해 주시면 됩니다.

　사용할 수 있는 키워드가 너무 많을 때도 고민이 될 수 있겠는데요. 이럴 때는 네이버에 해당 키워드를 검색해서 네이버 쇼핑 섹션이 위에 있는 키워드 위주로 선별해 주시면 좋습니다. 네이버 쇼핑 섹션이 아래에 있는 키워드보다 내 상품이 더 빨리 노출되면 그만큼 구매 확률이 높아지니까요. 그러면서 자동완성어 수와 연관검색어 수가 많은 키워드를 쓰는 편이 유리합니다. 소비자가 자동완성어와 연관검색어를 타고 들어가는 일이 많기에 자동완성어와 연관검색어가 많은 키워드는 안 그런 키워드에 비해 노출 기회가 더 많습니다.

⑤ 상품명 결정하기

조사한 키워드로 상품명 짓기

　①~④의 단계를 거쳐서 만든 제 상품명은 '오누즈 당그니 3d펜 TV홈쇼

핑 PCL 필라멘트 9종 저온 어린이 쓰리디펜 당근이 세트 유아'입니다. 저 상품명 안에서 만들어지는 조합 키워드는 다음과 같습니다.

- 당그니 3d펜, 당근이 3d펜, 3d펜 세트

- PCL 3d펜, 저온 3d펜, 어린이 3d펜, 유아 3d펜

- PCL 쓰리디펜, 저온 쓰리디펜, 어린이 쓰리디펜, 유아 쓰리디펜

눈치채셨겠지만 이 상품은 시장이 형성된 상품이면서 세부 키워드가 많아 노출 기회도 많은 상품입니다.

지금까지의 과정을 통해 찾은 키워드는 이렇게 상품명을 짓는데도 쓰이지만 실전 상품등록 과정에서 적합도를 채우기 위해 스마트에디터 ONE, 쇼핑 태그, 메타디스크립션에도 들어갑니다. 이 부분은 실전 상품등록 시 다시 설명하겠습니다. 또한 정보성 키워드 중에서는 3d펜 발암 등 상세페이지 안에 들어가면 좋을 법한 콘텐츠 실마리를 주기도 하며, 정보성 키워드는 소비자 분석에 사용할 수 있습니다. 타사 브랜드 키워드는 경쟁사 조사에 사용할 수 있고요. 이 정도로 키워드에 관한 설명을 마치며 다음 장에서는 경쟁사 조사하는 방법을 알아보겠습니다.

당신의 진짜 경쟁사는 따로 있습니다

나보다 먼저 마케팅을 시작한 경쟁사가 상품명을 어떻게 지었고, 어떤 섬네일을 쓰고 있고, 태그는 뭘 쓰고 있으며, 상세페이지에서는 어떤 내용을 말하고 있는지를 살펴보면, 내 상품 마케팅에도 응용할 수 있는 좋은 단서가 주어집니다. 이것이 경쟁사 분석을 하는 첫 번째 이유입니다.

경쟁사 상품은 내 상품과 비슷한 부분이 조금이라도 있을 수밖에 없는데 내가 이들과 똑같은 내용을 말하면 나는 경쟁사 사이에 묻혀버립니다. 그러면 비교 단계에서 탈락해버립니다. 기존에 판매를 해온 경쟁사 상품이 후기가 더 많을 테니까요. 그러니 이들이 어떤 식으로 마케팅을 하는지 살펴서 그들에게 부족한 것, 그들이 안 하는 방식으로 그 빈틈을 파고들어야 합니다.

두 번째로 벤치마킹을 넘어서서 결국은 우리 상품이 경쟁사 상품보다 더 많이 팔려야 하는데, 그러기 위해서는 자사 상품이 경쟁사 상품보다 뭐라도 나은 점이 최소한 하나는 있어야 소비자의 선택을 받을 수 있습니다. 그래서 잘 팔리는 상품의 7가지 요소 중 매력적인 차별화를 말씀드린 겁니다. 기능, 디자인, 가격, 상징, 스토리 중 그 무엇이 되었든 소비자에게 더 매력적인 요소가 있는지 살펴봐야 합니다.

여기서 중요한 점은 '경쟁사 선정을 잘해야 한다'는 것입니다. 키워드 조사할 때처럼 대표 키워드로 검색해서 쇼핑 검색 광고를 제외하고 가장 먼저 나온 상품을 기준으로 삼아서는 안 됩니다. 나랑 체급이 맞는 경쟁사를 찾아야 하는데요. 소비자 구매경로에 따르면 고객은 비교 & 검토 단계에서 비슷한 기능과 가격대를 가진 상품군 여러 개를 놓고 뭘 살까 고민하다 하나를 결정합니다.

이때 소비자는 당연히 체급이 다른 상품을 비교하지는 않겠죠? 노트북을 산다고 가정하면 삼성 노트북과 아수스 노트북 중 뭘 살까를 고민하진 않을 것입니다. 고가형 노트북을 살 사람은 삼성 노트북과 LG 노트북을 고민할 것이고, 저가형 노트북을 살 사람은 아수스 노트북과 레노버 노트북을 고민하겠죠.

마찬가지로 다이슨 청소기와 차이슨 청소기 중 뭘 살까를 고민하지도 않을 겁니다. 다이슨 청소기는 체급이 맞는 LG전자 코드 제로와 직접적인 경쟁을 벌일 것이며, 차이슨 청소기를 사기로 마음먹은 소비자는 체급이 비슷한 200,000~300,000원 대 청소기들 사이에서 뭘 살까를 고민합니다.

복싱이나 종합격투기를 봐도 플라이 급, 페더 급, 라이트 급, 웰터 급, 미들 급, 헤비 급 등… 체급을 나눠놓고 싸우지 않습니까? 스마트스토어도 마찬가지입니다. 내 상품에 있어 경쟁자란 무조건 내가 속한 카테고리의 1위 상품이 경쟁 상품이 되는 게 아닙니다. 소비자의 비교 & 검토 단계에서 내 상품과 직접적인 경합을 벌이는 그 상품이 바로 경쟁 상품입니다.

당그니 3d펜은 대표 카테고리는 3d펜이고 이 3d펜 부동의 1위는 사○고 3d펜이었습니다. 사○고는 구독자 300만 명이 넘는 3d펜 유튜버입니다. 사실상 3d펜을 대중화시킨 사람인데 사○고 3d펜은 고온 필라멘트를 쓰는 성인용 3d펜이었습니다. 당그니 3d펜은 저온 필라멘트를 쓰는 어린이용 3d펜이었기에 사○고 3d펜은 체급이 안 맞아 경쟁사가 아니었습니다.

경쟁사 선정을 잘 못하면 상세페이지에서 차별화를 언급할 때 소비자가 전혀 공감하지 못하는 엉뚱한 메시지를 던질 수 있습니다. 그럼 비교 & 검토 단계에서 나와 직접 맞붙을 상품은 어떻게 찾을까요? 이걸 알려면 일단 내 상품의 정확한 포지션을 알아야 합니다. 3d펜을 예시로 들면 대표 카테고리는 3d펜이었으나 세부적으로 저온3d펜, 어린이3d펜 등의 세부 키워드가 있었죠. '3d펜 인두기'라는 키워드도 있었고요.

만약 3d펜이 저온 필라멘트를 쓰는 어린이용 3d펜이라면 내 상품의 포지션은 어린이 3d펜이 맞습니다. 인두기라면 3d펜 인두기가 맞겠죠. 고온 필라멘트를 쓰는 3d펜이라면 3d펜이 정확한 포지션일 것입니다. 내 상품의 포지션을 찾았으면 네이버 쇼핑에 들어가 해당 키워드로 검색합니다. 당그니3d펜을 예시로 보여드려야 하므로 어린이3d펜으로 검색해 보겠습니다.

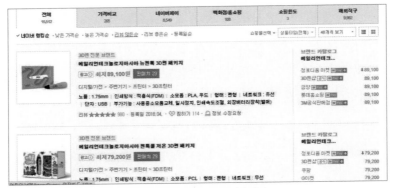

어린이 3d펜 네이버 쇼핑 검색 결과

전체 상품은 15,512개입니다. 그리고 쇼핑검색 광고를 시작으로 상품이 쭉 뜨는데요, 전체 상품 바로 아래에 네입 랭킹 순으로 체크가 되어있죠? 그 옆으로 낮은 가격 순, 높은 가격순, 리뷰 많은 순, 리뷰 좋은 순, 등록일 순이 쭉 나와 있습니다. 리뷰 많은 순을 클릭해서 정렬 기준을 바꿔줍시다.

리뷰 많은 순으로 정렬

여러 경쟁사 상품 중 리뷰 1,536개의 상품이 있습니다. 그 밑에 리뷰 1,387개의 상품도 있는데 같은 브랜드니 실제적으로는 리뷰가 2,923개가 있다고 봐야겠죠. 2등 상품인 H사가 846개니 거의 3배 차이가 있습니다.

리뷰 많은 순으로 경쟁사를 찾는 이유는 네이버 랭킹 순으로 보면 네이버는 지금 당장, 현재 잘나가는 상품을 먼저 보여줍니다. 이건 인기도 지수에 따라 어제 다르고 오늘 다르기에, 과거부터 지금까지 쭉 잘나간 전통적인 강호를 찾기 위해서는 리뷰 순으로 봐야 합니다.

실제 제가 경쟁사 조사를 했을 당시 네이버 랭킹 순으로 보면 리뷰가 더 적은 H사 상품의 리뷰가 더 많은 P상품보다 더 상위에 노출되었습니다. 순위는 H사 상품이 더 높지만, 더 잘나가는 상품은 P상품이었던 것이죠. 그러니 우리는 P상품 상품으로 들어갑니다. 이제 경쟁사가 어떤 키워드와 태그를 썼는지, 상세페이지에서는 무슨 이야기를 하는지 샅샅이 분해해 볼 시간입니다.

경쟁사 객단가 분석

먼저 객단가 요소부터 볼까요? 옵션을 봐보니 3d펜 본품에 필라멘트, 교재, 어댑터까지 충실하게 옵션을 갖춰놨습니다. 업 셀링은 잘하고 있군요. 저희도 이런 기본적인 부분은 따라가되 더 풍성한 세트 구성도 고민해볼 수 있겠습니다.

경쟁사 스토리텔링 분석

스토리텔링도 빼먹지 않고 어필하고 있습니다. 국내 최초 저온 3d펜을 개발했다고 하네요. 아쉬운 점은 그것이 진짜 사실인지 근거가 부족합니다. 저희가 스토리텔링을 할 때는 누구도 의심하지 못하게끔 근거를 보충한 스토리를 보여주면 좋겠죠?

다음으로는 상세페이지를 보면서 어떻게 말하고 있는지 분석해봅니다. 상세페이지는 내용이 길어서 사진을 직접 보여드리진 않고 말로 설명하겠습니다. 제가 쭉 살펴본 결과 3d펜을 이용해서 작품을 만드는 동영상을 보여주고 상품 구성 패키지와 3d펜의 기능을 잘 설명했습니다.

'착용감이 좋고, 필라멘트가 중간에 막히지 않으며, 배터리가 오래 가고, 아이가 갖고 놀기 좋은 저온 필라멘트를 쓴다. 3d펜은 이렇게 사용하면 되고 주의할 점은 뭐가 있다 등등…' 기본에 충실하게 잘 만든 상세페이지입니다.

아쉬운 점은 자사 상품 이야기만 있지, 소비자의 이야기는 없다는 점입니다. 저는 여기서부터 승산이 있음을 느꼈습니다. 단순 기능으로만 비교해도 제 상품이 밀리는 건 하나도 없었고, 디자인은 더 자신이 있었습니다. 그렇다면 동영상으로 활용 방법을 보여주는 등 경쟁사가 잘 만든 포맷을 그대로 따라가면서 경쟁사가 미처 놓친 콘텐츠를 넣어주면 되겠죠?

후발주자인 우리는 후기의 질과 양은 부족하지만 경쟁사는 따로 이벤트를 하고 있지는 않습니다. 그렇다면 상세페이지를 더 좋게 만들고 이벤트를 진행해서 후기를 모아나가기 시작하면 충분히 왕좌 탈환이 가능하다고 생각했습니다.

경쟁사 상품명 키워드 분석

객단가 전환 요소를 살펴봤으니 유입 요소를 보겠습니다. 상품명을 보니 저온3d펜, 무선3d펜, 어린이3d펜이 조합되게끔 상품명을 지었습니다. 저 상품명은 적합도 관점에서 봤을 때 베스트는 아닙니다. 특수문자인 대괄호가 들어갔고 브랜드명이 반복되기 때문이죠. 그 부분을 지우고 세부 키워드를 좀 더 넣으면 베스트입니다.

경쟁사 태그 분석

다음은 태그를 보겠습니다. 태그에는 세부 키워드가 없고 감성 태그가 들어갔네요. 저는 감성 태그를 사용하지 않고 상품명에 넣지 못한 세부 키워드를 태그에 사용합니다. 사실 네이버는 감성 태그를 사용하라고 말하긴 합니다. 그래서 저도 여러 번 상품을 등록하면서 감성 태그를 써보기도 하고 세부 키워드를 태그로 써보기도 했는데, 체감상 세부 키워드를 태그 등록하는 게 더 효율이 좋았습니다.

마지막으로 리뷰를 봅시다. 이 대목은 소비자 조사 이전에 경쟁사 조사를 먼저 하는 이유이기도 한데요. 상세페이지를 보면서 소비자에게 어떻게 말하는지 알 수도 있지만, 1등 상품의 리뷰를 쭉 읽다 보면 경쟁사 조사를 하는 과정에서 소비자 조사도 덩달아 진행되기 때문입니다.

리뷰를 읽을 때는 평점이 높은 순으로 한 번 읽고, 평점이 낮은 순으로

경쟁사 후기 분석

한 번 읽습니다. 그러면서 어떤 타깃이 무슨 이유로 구매하는지 메모합니다. '20대 남성이 구매하는지? 30대 여성이 구매하는지? 왜 구매하는지? 평점 5점 리뷰를 읽으면서 소비자가 어디에 만족했는지' 등 경쟁사의 강점을 파악하고 내 상품이 이길 수 있는지 고민합니다. 평점 1점 리뷰를 읽을 땐 소비자가 어디에서 불만을 느꼈는지 경쟁사의 약점을 파악하고 내 상품은 이 약점을 커버할 수 있는지 궁리합니다.

제가 리뷰를 쭉 읽어본 결과 경쟁사의 어린이3d펜은 만족도가 매우 높은 편이었습니다. 주로 어머니가 아이에게 사주거나, 이모나 삼촌이 조카 선물로 많이 사주더군요. 애들이 도안을 보면서 이것저것 집중해서 만드느라 필라멘트가 빨리 떨어진다는 사람이 많았습니다. 질리지 않고 오랜 시간 갖고 노는데 미술 작품까지 만들어내니 만족도가 높았습니다.

　반대로 평점 1점을 보니 간혹 펜이 고장이 나서 작동이 안 되거나, 필라멘트가 나오다 막혀서 펜을 다 분해해 필라멘트 찌꺼기를 제거해야 재사용이 가능하다는 불만이 있었습니다. 이 부분은 상품을 많이 제조하면 으레 생기는 불량품의 문제로 교환이나 반품을 잘 해주면 큰 문제는 없어 보였습니다.

소비자가 내 상품에 무엇을 기대하는지 정확히 파악하는 법

방금 설명해 드린 바와 같이 소비자 조사의 경우 경쟁사 조사를 하는 과정에서 어느 정도 진행이 되곤 합니다. 경쟁 상품의 고객 후기를 쭉 읽다 보면 자기가 어떤 상황에서 뭐 때문에 이 상품을 구매했는지 말해주거든요. 더 나아가 블로그 포스팅, SNS, 유튜브를 통해서도 사람들이 해당 상품에 대해 어떻게 말하는지를 듣다 보면 대략 어떤 타깃이 무엇 때문에 이 상품을 사는지를 알 수 있습니다.

이 방법은 간접 관찰에 해당합니다. 저는 될 수 있는 한 직접 관찰을 추천하는데요. 다름이 아니라 내가 실제 소비자가 되어보는 것입니다. 상품을 짧게는 1주일에서 길게는 한 달 정도 직접 사용해 보면서 어떤 점이 만족스러웠고, 어떤 점이 아쉬웠는지 느껴보는 것이죠. 소비자 조사를 하는 이유가 결국 소비자 상황에 공감하고 그들의 마음을 건드리는 콘텐츠를 만들기 위해서인데, 직접 관찰을 하는 편이 소비자 상황에 가장 공감할 수 있고, 그에 따라 설득력 있는 콘텐츠가 나오는 편입니다.

　그러나 여성, 특히 주부들이 쓰는 상품은 남자인 저는 사용할 수도 없기에 간접 관찰을 진행할 수밖에 없습니다. 직접 관찰이 되었든 간접 관찰이 되었든 우리가 소비자 조사를 하면서 알아내야 할 건 3가지입니다.

누가 이 상품을 사는가? Who

왜 이 상품을 사는가? **Why**

궁극적으로 기대하는 건 무엇인가? What

　전문용어로 말하자면 ①은 타깃, ②는 니즈, ③은 원츠가 됩니다. 즉, 우리는 우리 상품을 사는 사람의 타깃을 분류하고 해당 타깃이 가진 니즈와 원츠를 분석하면 됩니다. 앞서 경쟁 상품 리뷰를 보면서 대략적인 타깃, 니즈, 원츠가 나오긴 했는데요. 여기에 추가로 블로그, 인스타그램, 유튜브에서 어린이 3d펜 키워드를 검색해서 콘텐츠를 쭉 훑어봤습니다.

Who(타깃)

1) 아이 선물을 사주는 엄마 아빠
2) 조카 선물을 사주는 이모, 삼촌

Why(니즈)

1) 어머니가 어린이날 또는 크리스마스 선물을 사주고자 함

2) 아이 생일 선물을 사주고자 함

3) 아이가 유튜브나 TV 보고 3d펜을 사달라고 해서 사주고자 함

What(원츠)

1) 저온 3d펜이라 화상 걱정 없이 아이에게 안전하면서도 필라멘트가 안 막혀서 고장이 안 났으면 좋겠다.

2) 다른 장난감 갖고 놀거나 휴대폰을 갖고 노는 것보다 3d펜을 갖고 놀면 소근육 발달, 창의성 발달, 공간 감각 향상에 도움이 되는 것 같다.

3) 아이가 집중하니까 부모로서 한숨 돌릴 수 있고 집중력 향상이 되는 느낌이다. 보통 장난감을 30분 갖고 노는데 3d펜은 2시간, 3시간이고 갖고 노니까 좋다.

4) 중간에 끊기지 않고 아이가 오래 갖고 놀 수 있도록 배터리가 오래 가면 좋겠다.

5) 아이가 사용하니까 필라멘트가 녹을 때 유해 물질이 없었으면 좋겠다.

6) 부모가 인터넷으로 도안을 찾아주고, 아이가 유튜브로 3d펜 작품 만드는 영상을 찾아보면서 직접 만드니 3d펜에 금방 질리지 않고 오래 갖고 놀아 다른 장난감보다 가성비가 좋다.

이 정도로 정리할 수 있었습니다. 이렇게 정리한 내용은 어떻게 사용

하면 될까요? 나중에 상세페이지를 만들 때 '아이 선물로 좋은 상품이다, 안전한 소재인 PCL 필라멘트가 60도 저온에서 녹아 아이가 화상 입을 걱정이 없다, 집중력 창의성 공간 감각 발달에 도움이 된다' 등으로 언급해 주면 됩니다.

당그니3d펜으로 알아보는 마켓 리포트 만들기

앞서 당그니 3d펜으로 아이템 리포트를 만들었듯이 이번에는 키워드 조사, 경쟁사 조사, 소비자 조사 결과를 종합하여 마켓 리포트를 만들어보겠습니다.

이번에도 양식을 알려드릴 테니 실제 조사를 진행할 때 옆에 엑셀이나 구글 스프레드 시트를 켜놓고 칸을 채워가면서 작업해 보시길 바랍니다.

키워드 조사	
1. 네이버 자동완성어	
2. 네이버 연관검색어	
3. 네이버 쇼핑 자동완성어	
4. 네이버 쇼핑 연관검색어	
5. 쿠팡 자동완성어	
6. 쿠팡 연관검색어	
7. 카테고리 일치 키워드	
8. 최종 상품명 (50자 이내)	

마켓 리포트 작성용 키워드 조사

경쟁사 조사	
1. 상품명	
2. 태그	
3. 상세페이지	
4. 스마트스토어 후기	
5. 외부 채널 리뷰	

소비자 조사	
1. Who (누가 쓰는가?)	
2. Why (왜 쓰는가?)	
3. What (무엇을 기대하는가?)	

미켓 리포트 프레임워크

이것이 마켓 리포트 양식입니다. 제일 먼저 네이버, 네이버 쇼핑, 쿠팡으로 내 상품 관련 키워드를 찾습니다. 나와 체급이 비슷한 1등 경쟁 상품을 선택해서 어떤 상품명(키워드)을 쓰는지, 어떤 태그를 쓰는지, 상세페이지에서 벤치마킹할 부분이 있는지, 후기와 리뷰를 보며 내 상품이 이길 수 있는 부분이 있는지 등을 살피고 동시에 소비자 조사도 진행합니다.

소비자 조사는 리뷰, 후기를 보면 어떤 사람이 무슨 상황에서 뭘 위해 상품을 사는지, 이 상품을 구매함으로 기대하는 것이 무엇인지를 유심히 살핍니다. 경쟁사 조사, 소비자 조사를 하면서 알게 된 내용은 제때 기록해두지 않으면 쉽게 잊어버리니 실무를 진행하면서 마켓 리포트에 꼭 기록합니다.

키워드 찾는 구체적인 실무 방법에 대해서는 앞에서 보여드렸습니다.

키워드 (쇼핑)	PC	MO	카테고리
3d펜	4120	32600	디지털/가전 > 주변기기 > 프린터 > 3D프린터
3d펜	150	850	디지털/가전 > 주변기기 > 복합기/프린터소모품 > 3D프린터 소모품
쓰리디펜	90	1680	디지털/가전 > 주변기기 > 프린터 > 3D프린터
쓰리디펜	10	50	디지털/가전 > 주변기기 > 복합기/프린터소모품 > 3D프린터 소모품
3디펜	20	730	디지털/가전 > 주변기기 > 복합기/프린터소모품 > 3D프린터 소모품
3디펜	10	10	디지털/가전 > 주변기기 > 복합기/프린터소모품 > 3D프린터 소모품
3d펜 필라멘트	300	2170	디지털/가전 > 주변기기 > 복합기/프린터소모품 > 3D프린터 소모품
3d펜 인두기	120	1030	생활/건강 > 공구 > 용접공구 > 인두기
3d펜 추천	90	490	디지털/가전 > 주변기기 > 프린터 > 3D프린터
어린이 3d펜	90	1320	디지털/가전 > 주변기기 > 프린터 > 3D프린터
저온 3d펜	150	1010	디지털/가전 > 주변기기 > 프린터 > 3D프린터
3d펜 저온	10	140	디지털/가전 > 주변기기 > 프린터 > 3D프린터
무선 3d펜	10	30	디지털/가전 > 주변기기 > 프린터 > 3D프린터
3d펜세트	10	110	디지털/가전 > 주변기기 > 프린터 > 3D프린터
유아 3d펜	10	120	디지털/가전 > 주변기기 > 프린터 > 3D프린터
저온형 3d펜	10	40	디지털/가전 > 주변기기 > 프린터 > 3D프린터
3d펜 필라멘트	300	2170	디지털/가전 > 주변기기 > 복합기/프린터소모품 > 3D프린터 소모품
어린이용3d펜	10	190	디지털/가전 > 주변기기 > 프린터 > 3D프린터

키워드 (정보)	PC	MO	카테고리
3d펜 도안	1010	1930	
3d펜 발암	230	1510	
3d펜 작품	70	340	
3D펜가격	70	400	
3D펜교육	30	20	

키워드(브랜드)	PC	MO	카테고리
3d펜 사나고	60	460	
사나고 3d펜	730	6540	
당그니 3d펜	290	4620	
타이콘 3d펜	60	930	
당근이 3d펜	40	750	
듀이노 3d펜	20	230	
카카오 3d펜	10	90	
더블유아이3d펜	10	10	
3d펜 당근펜세트	10	10	
3d펜 당근펜	10	10	

당그니 3d펜 키워드 조사 실습 2

네이버, 네이버 쇼핑, 쿠팡에서 알게 된 키워드를 이렇게 시트에 다 입력해주시고요.

그렇게 수집한 키워드를 분류하고 카테고리를 찾는 것도 보여드렸었죠. 저희는 디지털/가전>주변기기>프린터>3D프린터 카테고리에 해당하는 키워드 중 내 상품과 결이 맞는 키워드만을 이용해 50자 이내의 상

키워드 조사	
1. 네이버 자동완성어	3d펜 필라멘트, 3d펜 도안, 3d펜, 3d펜 발암, 3d펜 인두기, 3d펜 작품, 3d펜 추천, 3d펜 사나고, 사나고 3d펜, 당그니 3d펜
2. 네이버 연관검색어	당그니 3d펜, 어린이 3d펜, 저온 3d펜, 타이콘 3d펜, 당근이 3d펜, 3d펜 저온, 무선 3d펜, 3d펜체험, 카카오 3d펜, 3d펜 pcl
3. 네이버 쇼핑 자동완성어	3d펜, 당그니3d펜, 어린이 3d펜, 3d펜 필라멘트, 사나고 3d펜, 저온 3d펜, 3d펜 인두기, 3d펜 세트, 흔한남매 3d펜
4. 네이버 쇼핑 연관검색어	어린이3d펜, 대형3d프린터, 당그니3d펜, 저온 3d펜, 가정용3d프린터, 레진3d프린터, 3d펜3d펜더블유아이, 샤오미포토프린터, 영수증사진기, 네임스티커기계, 포토프린터, 라벨기, lg포켓포토, 택배송장프린터, 미니포토프린터, 핸드폰사진인화기, 라벨리와인더, 캐논셀피, 샤오미포토프린터인화지, 네임스티커프린터, 스티커출력기, 포켓포토, 캐논포토프린터, lg포토프린터, 송장프린터, 라벨프린터, 핸드폰사진출력, 스티커프린터, 휴대용포토프린터
5. 쿠팡 자동완성어	3d펜, 당그니 3d펜, 3d펜 필라멘트, 흔한남매 3d펜, 어린이 3d펜, 3d펜 당근펜세트, 당근펜, 쓰리두들러 크리에이트 플러스 3d펜, 3d펜 사나고
6. 쿠팡 연관검색어	어린이용 3d펜, 3d펜, 3D펜, 필라멘트, 3d펜세트, 3d펜로켓배송, 쓰리디펜, 3d매직펜, 손도리3d펜, 3d펜필라멘트
7. 상품 카테고리	디지털/가전 > 주변기기 > 프린터 > 3D프린터
8. 카테고리 일치 키워드	3d펜, 쓰리디펜, 3d펜 추천, 어린이 3d펜, 저온 3d펜, 3d펜 저온, 무선 3d펜, 3d펜 세트, 유아 3d펜, 저온형 3d펜, 어린이용 3d펜
9. 최종 상품명 (50자 이내)	오누즈 당그니 3d펜 TV홈쇼핑 PCL 필라멘트 9종 저온 어린이 쓰리디펜 당근이 세트 유아

당그니3d펜 키워드 조사 실습 1

품명을 짓기로 했습니다.

그래서 아이템 리포트의 키워드 조사 부분을 보면 1~6까지는 수집한 키워드를 그대로 적고, 7에서 카테고리를 확정하며, 8에서 카테고리에 일치하는 키워드만 남긴 다음 이것들이 50자 이내에서 최대한 잘 조합되도록 9에서 최종 상품명을 지었습니다.

다음으로는 경쟁사 조사로 넘어갑니다. 체급이 맞는 경쟁사 찾는 법은 나의 상품이 들어갈 카테고리에서 리뷰가 가장 많은 상품을 찾으라고 말씀드렸죠. 1, 2에는 경쟁사가 어떤 상품명과 태그를 썼는지 그대로 적어줍니다. 이 과정에서 내가 놓친 키워드가 있지 않나 체크할 수 있습니다.

그다음은 상세페이지를 보면서 경쟁사가 잘해서 벤치마킹하면 좋은 부분, 아쉬워서 '나는 이런 부분을 보충해야겠다' 싶은 부분을 적어줍니다. 저는 편의상 5칸으로 진행했는데 더 많은 것들이 발견되면 스프레드시트, 엑셀에서 칸을 늘려서 적어주시길 바랍니다.

상세페이지를 다 봤으면 후기로 넘어가서 1점 후기와 5점 후기를 중점으로 봐주세요. 1점 후기를 보면 소비자가 어떤 부분에서 불편함을 느꼈는지 알 수 있습니다. 이를 살펴보면서 내 상품은 이걸 극복할 수 있는지 따져봐야 합니다. 5점 후기를 보면 소비자가 어디에서 만족하고 있는지를 알 수 있습니다. 그렇다면 내 상품도 가능한지 생각해 보고 상세페이지에 관련 내용을 넣어주면 좋겠죠?

스마트스토어의 후기, 리뷰는 짧게 쓰는 편이기에 얻을 수 있는 정보량에 한계가 있습니다. 그러므로 블로그, 인스타그램, 유튜브에도 경쟁사 키워드를 검색해서 먼저 써본 사람의 리뷰 후기 콘텐츠를 더 읽어보면 도움이 됩니다. 실제 사진을 보시면 스마트스토어 후기하고는 좀 더 다른 다양한 소비자의 의견과 생각을 들을 수 있었습니다. 이 부분도 기록해두면 마케팅에 유용하게 활용할 소재가 됩니다.

스마트스토어와 블로그, 인스타그램, 유튜브 후기를 읽으면서 소비자 조사도 동시에 진행되는데요. 누구(Who)에는 타깃을 적어줍니다. 왜(Why)에는 어떤 상황에서 왜 사는지에 대해 적어주고요. 무엇(What)

경쟁사 조사	
1. 상품명	펜톡쿨 어린이 저온 무선 3D펜 패키지 고급형
2. 태그	#3d펜 #사용이편리한 #집에서즐기는 #수명이오래가는 #장난감완구 #놀이완구 #창의력발달 #창의력교구 #어린이선물 #3D만들기
3. 상세페이지	기본 기능 설명이 충실하다
	A/S 정책이 잘 되어있다
	필라멘트 설명과 안전 정책을 잘 설명했다
	구매결정자를 배려한 3D펜 컨셉 설명이 없다
	임팩트 있는 GIF가 없다
4. 스마트스토어 후기	좋아하는 아이는 계속 갖고 놀아 필라멘트가 많이 필요하다
	아이가 작품을 만들어 선물해줘서 보람차다
	저온이라 안전해서 좋다
	끼기기긱 하는 소음 이슈가 있음
	작동이 되다가 안 되거나 필라멘트가 막히는 잔고장 이슈가 있음
5. 외부 채널 리뷰	방학 때 아이가 혼자 재밌게 갖고 놀 수 있어 좋다
	처음에는 도안 따라 연습하며 다루는 법을 익힐 수 있다
	나중엔 아이가 스스로 작품을 만들기에 창의력, 상상력이 발달하는 것 같다
	정교한 수작업으로 소근육 발달에 도움이 된다
	아이가 작품을 만들어서 어머니에게 선물해줄 때 감동적이다

당그니 3d펜 경쟁사 조사 실습

소비자 조사	
1. Who (누가 쓰는가?)	부모, 삼촌이 아이, 조카를 위해 선물
2. Why (왜 쓰는가?)	아이가 유튜브 보고 사달라고 졸라서
	기왕 사줄 장난감 아이 교육에 도움이 되었으면 해서
	센스 있는 선물을 주고 싶어서
3. What (무엇을 기대하는가?)	아이들이 사용할 때 조작이 쉽고 안전했으면 좋겠다
	아이들이 질리지 않고 오래 사용했으면 좋겠다
	작동을 안 하거나, 필라멘트 막히거나, 소음이 없었으면 좋겠다
	필라멘트 나오는 속도가 느리지 않았으면 좋겠다

당그니 3d펜 소비자 조사 실습

에는 이 상품을 사면서 소비자는 궁극적으로 뭘 기대하는지를 적어줍니다.

3d펜은 사용자와 구매자가 다른 상품답게 대부분 부모가 아이에게 선물해주거나, 삼촌 이모가 조카에게 선물해주는 일이 대부분이었습니다. 그러면 상세페이지에 '당그니 3d펜을 선물해 주면 센스 있는 삼촌, 이모, 부모가 될 수 있어요!'라는 누구를 반영할 수 있겠죠?

왜와 무엇을 알았으니 이런 문구는 어떨까요? "우리 아이 생일에 어떤 장난감을 사줘야 할지 모르겠다고요? 이왕 사주는 장난감 아이 창의성에 도움이 되는 센스 있는 선물은 어떨까요? 당그니 3d펜은 저온 3d펜이라 안전하며 누구나 쉽게 작품을 만들 수 있습니다. 필라멘트가 쭉쭉 나와 막힘없이 작품을 만들 수 있고 잔고장과 소음도 없습니다!"라고 니즈와 원츠를 건드릴 수 있습니다.

여기서 끝이 아닙니다. 앞에서 상품분석으로 만든 아이템 리포트와 시장조사를 하며 만든 마켓 리포트를 종합해서 내 상품의 강력한 USP를 만들어야 하는데요. 이에 대해 바로 알아보겠습니다.

도끼날 갈기의 마무리 단계
내 상품의 콘셉트 (USP) 만들기

지금까지 내 상품을 분석해 아이템 리포트를 작성하고, 경쟁사와 소비자를 조사해 마켓 리포트를 만들었습니다. 무작정 상품을 등록해 갈리지도 않은 도끼로 나무를 찍지 않고, 한 번 상품 등록할 때 제대로 등록하기 위해 날을 가는 과정이었습니다. 여기까지 진행하셨다면 여러분은 내 상품의 특장점, 소비자가 내가 파는 상품군에 바라는 점, 경쟁사 상품의 강점과 약점을 꿰뚫게 되었습니다. 이제 때가 왔습니다. 도끼날 갈기의 마무리 단계인 상품, 소비자, 경쟁사 분석을 종합하여 내 상품의 콘셉트를 만들 차례입니다. 일상생활을 하면서 이 콘셉트, 일명 컨셉이란 단어를 자주 사용하죠?

'김 대리, 이번에 출시되는 신상품의 핵심 콘셉트가 뭔가?'

'저 유튜버 콘셉트가 확실하네.'

'저 연예인 콘셉트에 너무 심취한 거 같아. 적당히 해야지.'

'이 가게는 뭘 메인으로 내세우고 싶은 건지 콘셉트를 모르겠네.'

사전에서 콘셉트란 단어의 뜻을 찾아보면 '내가 드러내고자 하는 핵심 아이디어'라고 나옵니다. 그렇다면 상품 콘셉트는 내 상품에서 가장 말하고 싶은 핵심 골자가 되겠죠? 그런데 그 핵심 아이디어를 대체 어떻게 만들라는 건지 잘 와닿지 않죠. 쉽게 말해서 내 상품의 USP를 만든다고 생각하면 됩니다. USP는 미국의 카피라이터 로저 리브스(Rosser Reeves)가 만든 마케팅 이론으로 '독특한 판매 제안' 정도로 번역할 수 있습니다.

내 상품의 콘셉트를 만든다는 걸 내 상품의 USP를 만든다고 생각해 주세요. 제가 책에서 누누이 강조하던 메시지가 있죠? '소비자의 문제를 내 상품이 해결해 주면서, 경쟁 상품에는 없는 차별화된 매력을 어필하라.' 결국 이는 '내 상품의 USP를 어필하라'는 의미입니다. 이 USP를 만들기 위해 앞서 내 상품, 경쟁사, 소비자를 분석해서 리포트를 만든 것입니다. 내 상품이 어떤 혜택과 가치를 줄 수 있는지, 소비자는 내 상품에 뭘 기대하는지, 경쟁 상품의 스펙과 혜택은 무엇인지 알아야 USP가 쉽게 나오거든요.

옆 페이지의 그림은 제가 USP를 만드는 방법입니다. A, B, C 3개의 원이 있고 그 교집합 D가 USP라고 되어있죠? A는 내 상품의 나은 점입니다. 제가 여러 상품을 팔아보니 한 상품이 기존 상품보다 더 나으려면 크게 4가지에 해당하더군요. 타깃을 바꿨거나, 다른 소재나 원료로 만들어

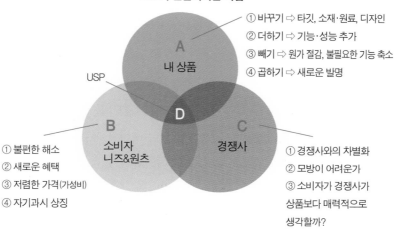

USP가 만들어지는 지점

A
내 상품

① 바꾸기 ⇨ 타깃, 소재·원료, 디자인
② 더하기 ⇨ 기능·성능 추가
③ 빼기 ⇨ 원가 절감, 불필요한 기능 축소
④ 곱하기 ⇨ 새로운 발명

USP

D

B
소비자
니즈&원츠

① 불편한 해소
② 새로운 혜택
③ 저렴한 가격(가성비)
④ 자기과시 상징

C
경쟁사

① 경쟁사와의 차별화
② 모방이 어려운가
③ 소비자가 경쟁사
상품보다 매력적으로
생각할까?

졌거나, 디자인을 바꾸거나 혹은 기능이나 성능을 추가하거나, 원가를 대폭 줄였거나, 물리적인 키보드를 없앤 아이폰처럼 불필요한 걸 없앴거나, 아예 새로운 발명한 경우입니다. 내 상품은 이 다양한 케이스 중 어디에 해당하는지를 먼저 체크합니다.

다음은 B입니다. 소비자 니즈 & 원츠로 되어있죠. 상품을 사는 소비자의 니즈와 원츠는 다양하지만 그중 가장 강력한 니즈 & 원츠 4가지를 꼽았습니다. 기존 상품을 사용할 때의 불편함을 없앴거나, 전에는 없던 새로운 혜택이 있거나, 가격이 저렴하거나, 자기과시가 가능한 상징성 상품이라면 소비자 만족도가 높은 것이죠. 내 상품이 이 넷 중 어디에 해당하나 체크합니다.

그리고 A와 B를 연결합니다. 내 상품의 나은 점과 소비자의 니즈 & 원츠 어디에 해당하는지 이어보면 여러 가지 SP(Selling Proposition)가 나올 것입니다. 그러나 이 판매 제안은 아직 독특한 판매 제안(USP) 단계는 아닙니다. 경쟁사보다 독특해야 비로소 USP가 되기 때문이죠.

그래서 '내 판매 제안(SP)이 경쟁사와 차별화가 되는가, 혹시 경쟁사가 바로 모방할 수는 없는가, 경쟁사보다 더 매력적인가'를 검토합니다. 이 단계를 거치면 ABC 3개의 교집합인 D가 나타나며, 이 D가 내 상품의 USP가 되는 것입니다. 종합하자면 '내 상품의 나은 점(A)이 소비자의 강력한 니즈 & 원츠(B)를 충족시키며 경쟁사 상품과 차별화(C)까지 되는 한 줄 카피'가 USP입니다.

이 D에 해당하는 USP는 상품에 따라 하나일 수도, 없을 수도, 여러 개일 수도 있습니다. 좋은 상품일수록 USP는 여러 개가 나옵니다. USP가 하나도 없다면 시장조사 과정에서 소비자가 원하는 상품과 경쟁사의 상품력을 알았으니 USP가 있는 상품을 개발하거나 소싱하면 됩니다. USP가 하나면 그 USP로 가면 됩니다. USP가 여러 개면 그 가운데 가장 임팩트 있는 걸로 마케팅을 해봅니다. 기대 이하의 반응이 나오면 다른 USP로 콘셉트를 바꾸면 됩니다. 이렇게 USP를 뽑아놓으면 여러 곳에서 사용할 수 있는데요. 가장 주된 활용처는 상세페이지의 콘셉트 이미지 부분입니다. 그 외에 섬네일에도 USP를 녹일 수 있고요. GFA 광고, SNS 광고 등에도 사용할 수 있습니다. 실제 콘셉트 USP가 어떻게 만들어지나 몇 가지 예를 들겠습니다. 그동안 쭉 논의해온 당그니 3d펜의 USP 제작 과정을 시연해

당그니 3D펜 USP

볼게요.

당그니 3d펜이 내세우는 콘셉트를 보면 '그리는 펜이 아닌 만드는 펜', '어린이 3D펜 대명사' 2가지가 있습니다. 이 중 전자는 구매자인 부모님들이 3d펜이 뭔지 잘 모르는 경우가 있어서 넣은 것이고, 진정한 USP는 '어린이 3d펜의 대명사'입니다.

먼저 A를 봅니다. 당그니 3d펜이 기존 3d펜에 비해 나은 점은 무엇이 있을까요? 일단 성능이 추가된 건 없으니 더하기는 아닙니다. 빼기는 원가나 기능이 늘면 늘었지 빠진 부분은 없으니 아닙니다. 곱하기는 만약 최초로 개발된 저온 3d펜이면 발명이겠지만 이미 시장에 저온 3d펜 상품이 있었으니 아닙니다. 당그니는 성인들이 많이 쓰던 3d펜을 어린이용으로 타깃을 바꾸면서, 동시에 아이들이 좋아할 디자인으로 바꿨기에 A는 타깃 바꾸기, 디자인 바꾸기가 됩니다.

상품 다음에는 소비자인 B를 보겠습니다. 강력한 니즈 & 원츠 4가지 중 어디에 해당할까요? 일단 불편함 해결은 아닙니다. 저온 3d펜은 당그니가 최초는 아니니까요. 가성비도 아닙니다. 가격은 오히려 더 올랐거든요. 상징과 자기과시는 3d펜이면 누구나 결과물을 자랑하지만 USP를 만들 때 참고할 수는 없습니다. 모든 3d펜이 다 해당하거든요. 따라서 당그니의 경우 B는 새로운 혜택에 해당합니다. 디자인을 어린이 전용으로 하면서 기존 어린이 3d펜의 기능까지 그대로 가져왔으니까요.

이제 A와 B를 연결해 볼까요? A는 타깃 바꾸기, 디자인 바꾸기, B는 새로운 혜택입니다. 사용자를 성인에서 어린이로 바꿈으로 디자인을 바꿨고, 아이가 좋아하는 디자인에 안전한 저온 3d펜 기능을 가져왔으니 둘을 연결하면 '아이가 안전하게 쓸 수 있는 귀여운 당근 모양 3d펜'이 SP가 됩니다.

마지막으로 여기에 C를 대입하여 내 판매 제안(SP)이 특별해질 수 있는지 검토해 봅시다. '경쟁사 상품에 비해 차별화 점이 있는가?'를 살펴봐야 합니다. 먼저 디자인의 차별화가 있습니다. 모방하기 어려운가? 내가 가지고 있는 차별화를 경쟁사가 금방 따라 할 수 있으면 쉽게 모방당하겠죠. 사실 디자인의 차별화는 따라 하려면 따라 할 수는 있는데요. 경쟁사도 저희처럼 당근 모양 3d펜을 만들기 위해서는 금형을 새로 제작해야 하는데 약 1억 원을 들여야 합니다. 그러니 모방이 불가능까지는 아니더라도 쉽지는 않다고 볼 수 있습니다. 마지막으로 소비자가 다른 상품보다 매력적으로 생각할까요? 아이들은 다른 저온 3d펜에 비해 당그니의 귀여운 디자인을 좋아했습니다. 즉, '아이가 안전하게 쓸 수 있는 귀여운 당근 모양 3d펜'은 ABC 모든 조건에 부합하는 D. 우리 상품의 USP가 맞습니다.

예를 하나 더 들어볼까요? 이번에는 완구가 아니라 생활용품으로 콘셉트 USP를 뽑아보겠습니다. '펌슨 진공 용기' 사례인데요. 다들 집 안 냉장고에 밀폐 용기 있으시죠. 그 밀폐 용기에 진공 기능을 추가해서 식자재를 오래 보관할 수 있는 상품입니다.

먼저 A를 봅시다. 펌슨이 기존 밀폐 용기보다 나은 점은 무엇일까요? 이 상품은 바꾸기에 해당합니다. 원래 식당 자영업자를 대상으로 만들어진 상품인데 가정용으로 타깃을 바꿨습니다. 소재, 원료, 디자인은 그대로입니다. 그리고 더하기도 해당합니다. 기존 밀폐 용기에 비해 펌슨은 진공과 대용량이라는 기능이 확장되었습니다. 원가가 절감되거나 불필요한 기능이 빠진 건 없으니 빼기에는 해당하지 않고요. 펌슨 이전에도 진공 용기는 있었기에 곱하기도 해당하지 않습니다.

다음은 B입니다. 불편함 해소는 맞습니다. 펌슨의 주된 활용처는 야채,

신선해지는 진공소리

PUMPSON

일체형 진공 밧드뚜껑

" 쉽게 상하는 식재료 "
일체형 진공 밧드뚜껑으로
신선하게 오래 보관하세요!

펌슨 진공 뚜껑 USP 실습

과일을 신선하게 오래 보관하는 것인데요. 아무리 큰 대형 냉장고도 야채 칸, 과일칸은 하나라서 많은 주부가 불편을 겪고 있거든요. 요즘은 대형 마트에서 야채, 과일을 대용량 구매하는 집이 많기에 펌슨은 야채 칸, 과일 칸이 부족하다는 주부가 느끼는 불편감을 해소해 줬습니다.

이 불편감 해소는 바로 새로운 혜택과도 이어집니다. 야채와 과일을 상하지 않게 오래 보관할 수 있으니 썩어서 낭비되는 식재료가 없고, 대용량 구매를 하니 더 저렴하게 야채와 과일을 구매할 수 있습니다. 결론적으로 소비자는 경제적 혜택을 누릴 수 있게 됩니다.

저렴한 가격과 자기과시는 해당하지 않습니다. 펌슨은 가성비 상품이 아니며, 냉장고 안에만 있기에 남들에게 드러내고 보여줄 상품은 아니기 때문이죠. 여기서 A와 B를 연결하면 '주부를 위한 돈 되는 대용량 진공용기' 같은 SP를 만들 수 있는데요. 여기서 독특함을 더하기 위해 마지막 C까지 살펴보겠습니다. 기존 밀폐 용기와 비교해서 펌슨의 매력적인 차별화는? 뭐니 뭐니 해도 진공 기능이 될 것입니다. A, B, C를 전부 이어서 제가 최종적으로 결정한 USP는 다음과 같습니다.

'주부를 위한 우리 집 냉장고 야채 칸/과일 칸 무한 확장'

3인 가구, 4인 가구는 주로 코스트코, 홈플러스, 이마트에서 장을 봅니다. 장을 볼 때 적은 분량보다는 대용량으로 사야 저렴한데요. 그런데 아무리 큰 냉장고도 보통 야채칸, 과일칸은 한 칸밖에 없어서 채소와 과일을 너무 많이 사면 다 먹기 전에 썩어서 버리는 야채, 과일이 꼭 생깁니다. 실제로 제 아내도 야채 칸과 과일 칸이 추가로 더 있었으면 하더라고요.

그런 문제 상황에서 펌슨 용기를 구매하면 야채 칸, 과일 칸이 하나 더 생기는 것입니다. 심지어 진공 기능이 있어서 일반 냉장고 야채 칸, 과일 칸보다 더 오랜 시간 신선하게 채소와 과일을 보관할 수도 있고요. 내가 원하는 수량만큼 우리 집 냉장고의 야채 칸과 과일 칸을 확장할 수 있다는 USP를 제시하는 것이죠.

그렇다면 이 USP를 어떻게 응용할 수 있을까요? 먼저 상세페이지 상단에 펌슨 용기로 가득 채운 냉장고를 사진으로 보여주며 당신이 원하는 만큼 냉장고의 야채 칸, 과일 칸을 확장할 수 있다고 보여주어서 시선을 사로잡을 수 있습니다. 비슷한 내용으로 광고 소재를 만들어서 GFA, SNS, 유튜브 광고로 송출할 수도 있고요.

이처럼 USP를 제대로 만들어놓으면 내 상품의 타깃이 누구인지 아니까 광고비가 절약되고, 해당 타깃이 매력적으로 느낄 제안을 하니까 구매 전환율이 올라갑니다. 소비자가 우리의 고유한 판매 제안을 들으면서 '맞아. 저건 내 이야기야. 날 위한 상품이야'라고 느낍니다. 이에 따라 상품 만족도도 높아져서 충성 고객이 됩니다. 재구매를 하거나 주변에 추천하니 효율이 올라갑니다.

처음부터 USP를 잘 만들기는 어려울 수 있습니다. 숙련된 카피라이터, 광고 천재들은 상품을 보자마자 한 방에 USP를 뽑는 일도 있다고 하는데요. 번뜩이는 영감이 안 떠오를 때는 미리 조사해놓은 아이템 리포트와 마켓 리포트를 보면서 A, B를 연결하고 여기에 C를 검토하여 D를 찾고자 시도하면서 USP를 만들고 테스트하면 됩니다.

내 상품의 콘셉트를 만든다는 걸 내 상품의 USP를 만든다고 생각해 주세요. 제가 책에서 누누이 강조하던 메시지가 있죠? '소비자의 문제를 내 상품이 해결해 주면서, 경쟁 상품에는 없는 차별화된 매력을 어필하라'. 결국 이는 '내 상품의 USP를 어필하라'는 의미입니다. 이 USP를 만들기 위해 앞서 내 상품, 경쟁사, 소비자를 분석해서 리포트를 만든 것입니다. 내 상품이 어떤 혜택과 가치를 줄 수 있는지, 소비자는 내 상품에 뭘 기대하는지, 경쟁 상품의 스펙과 혜택은 무엇인지 알아야 USP가 쉽게 나오거든요.

PART 6

완벽한 마무리,
실전 상품등록으로
퍼널 완성하기

매출이 쑥쑥 오르는
상세페이지 템플릿 만들기

드디어 스마트스토어에서 가장 중요한 상세페이지를 만들 차례입니다. 상세페이지의 중요성을 강조하지 않는 스마트스토어 책과 강의는 없습니다. 결국 온라인 쇼핑은 상세페이지에서 소비자를 설득해 구매로 이끌지 않으면 안 됩니다.

아시다시피 온라인은 오프라인과 판매 환경이 다릅니다. 오프라인은 소비자가 상품을 직접 만져보고, 시연하며, 궁금한 점이 있으면 직원의 설명을 들을 수도 있습니다. 그러나 온라인은 오감으로 상품을 체험할 수 없고, 친절하게 상품 관련해서 이것저것 설명해주는 세일즈맨도 없습니다. 그러므로 소비자는 오로지 상세페이지 콘텐츠와 사용자 후기만 의지해서 구매할지 말지 결정합니다.

내 상품이 소비자의 고민을 잘 해결해 줄 수 있고, 많은 가치와 혜택을 줄 수 있으며, 경쟁사 상품과 비교해도 꿇리지 않는 매력 포인트가 있더라도 해당 내용이 상세페이지에 표현되어 있지 않으면 아무 소용이 없습니다. 온라인 세계에서 보이지 않는 건 없는 것과 같으니까요.

그러니 당연히 상세페이지에 아무 내용이나 넣어서는 안 되겠죠. 그래서 우리는 앞서 시장조사를 다 끝마친 셈입니다. 많은 판매자가 하는 실수가 최소한의 시장조사도 하지 않고 바로 디자인 업체에 상품 샘플과 상품 정보를 보내서 상세페이지를 외주로 제작하는 것입니다. 그렇게 만들어지는 상세페이지는 디자인은 멋질 수 있지만 내용에 알맹이가 없습니다.

제가 이 책에서 지겨울 정도로 반복하는 말이 있죠. '상세페이지에는 소비자가 가진 문제를 내 상품이 해결해 줄 수 있으며, 우리는 경쟁사와 달리 이런 매력적인 차별화가 있다'는 내용이, 바로 앞장에서 만든 USP가 반드시 들어가야 합니다.

시장조사를 건너뛰고 바로 디자인 업체에 상세페이지를 의뢰하면 어떻게 될까요? 당연히 디자인 업체가 알아서 소비자와 경쟁 상품을 조사해서 해당 내용을 넣어주진 않겠죠? 따라서 우리는 사전 조사한 자료를 근거로 상세페이지 어디에 어떤 내용이 들어가야 한다는 가이드를 상세하게 작성해서 디자인 업체에 넘겨야 합니다. 제작은 디자이너가 해준다고 하더라도 '어떻게 상세페이지를 기획하느냐'는 가장 큰 숙제가 됩니다. 우선 상세페이지 제작에 어떤 요소가 필요한지 스마트스토어 화면을 같이 보도록 하겠습니다. 스마트스토어 판매자센터로 로그인해 상품 관리·상품 등록을 눌러주세요.

상세페이지 등록 장소

아래로 내리면 상세 설명이 있습니다. '스마트에디터ONE(SmartEditor ONE)으로 작성' 버튼을 누르면 상세페이지 업로드 화면으로 접속됩니다. 스마트에디터ONE에는 글, 사진, 동영상, GIF 총 4가지 콘텐츠를 넣을 수 있습니다. 구조가 네이버 블로그 포스팅과 완전히 동일한데요.

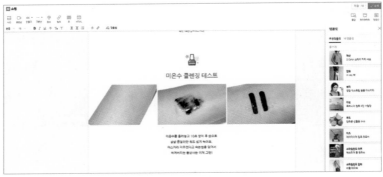

스마트에디터ONE 제공 템플릿

만약 네이버 블로그 포스팅을 안 해보셔서 생소하다면 우측 상단에 있는 템플릿을 불러온 후 누를 수 있는 버튼을 한 번씩 눌러보면 금세 인터페이스에 적용할 수 있을 것입니다.

글, 사진, 동영상, GIF 4개는 팔리는 상세페이지를 만들기 위한 재료와 같습니다. 이 중 사진이 흔히 우리가 상세페이지 하면 생각하는 세로 사이즈의 긴 상품 설명 이미지입니다. 글이라고 하면 이 상품 설명 이미지 안에 들어가는 글을 생각하기 쉽지만, 그 글이 아니라 스마트에디터ONE에 직접 입력하는 글입니다. 글 본문에는 내가 상품명, 태그에 넣은 키워드를 1번씩이라도 넣으면 좋습니다.

긴 상세페이지가 쭉 이어지는데 어디에 글을 넣어야 하나 반문할 수도 있는데요. 보통 디자이너에게 받은 상세페이지를 분할해서 올리고 그 사이사이 키워드가 들어간 텍스트를 간결하게 넣어줍니다.

상세페이지 사진이 있는데 동영상을 꼭 넣어야 하나 싶으시죠? 넣을 수 있다면 동영상은 꼭 넣으시는 편이 좋습니다. 상품에 대해 자세히 알고 싶은 분은 동영상을 재생하는데 이것이 상세페이지 체류 시간을 늘려줘서 검색 랭킹에 긍정적인 영향을 줍니다.

그리고 GIF는 흔히 말하는 '움짤'인데요. 보통 내 상품의 가장 임팩트 있는 부분을 GIF 콘텐츠로 제작합니다. 정지된 이미지보다 더 역동적이면서, 동영상과 달리 재생 버튼을 누를 필요가 없어서 내 상품이 임팩트 있는 콘텐츠가 나오는 상품이라면 GIF는 선택이 아니라 필수로 넣으셔야 합니다. 사진은 글, 동영상, GIF와 달리 상세페이지에서 압도적인 비중을 차지합니다. 따라서 이 사진을 잘 기획하는 것이 중요합니다.

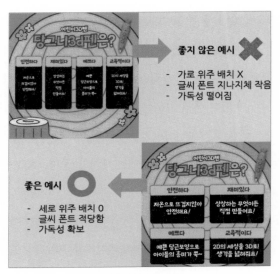

상세페이지 제작 가이드

기획에 들어가기 전에 반드시 숙지하셔야 할 주의사항이 있습니다. 판매자인 우리는 대개 PC로 스마트스토어 관련 정보를 확인합니다. 상세페이지 제작도 PC 환경에서 작업하죠. 그런데 상품을 사는 소비자들은 물론 PC로 사는 고객도 있지만, 대부분 스마트폰에서 결제합니다.

그래서 상세페이지는 PC 환경에서 잘 보이게 제작하면 안 되고, '모바일 화면에서 가독성 좋게' 만들어야 합니다. 위의 예시 사진처럼 특징을 가로로 나열하면 스마트폰에서는 잘 보이지 않습니다. 최대한 세로로 보여주되 폰트와 사이즈를 키워서 소비자가 확대하지 않고도 편하게 볼 수 있도록 배려해야 합니다.

저작권 걱정 없이 쓸 수 있는 무료 폰트로 'G마켓산스체'와 '나눔고딕스퀘어'를 추천드립니다. 그리고 글씨 폰트는 최소 50pt 이상으로 쓰셔야 모바일에서 보입니다. 그런데 제목이나 부제목은 좀 더 사이즈가 커야겠죠? 헤드라인 등에 쓰이는 가장 큰 글씨는 90~120pt 사이를 추천합니다. 그보다 조금 작은 서브 타이틀 같은 글씨는 60~80pt 사이가 좋습니다.

모바일 환경에서 손가락으로 한 스크롤, 한 스크롤 내릴 때마다 1개의 내용이 보이게끔 간격 조절을 잘 해주셔야 하고요. 카피를 쓸 때도 소비자의 가독성을 최대한 신경 써서 만들어야 합니다. 장문의 설명문을 구구절절 읊지 말고 핵심 내용만 최대한 짧고 간결하게 써주세요. 조금이라도 필요 없는 글자는 전부 다 빼야 합니다.

표현에도 주의해야 하는데요. 소비자가 조금이라도 '이게 무슨 뜻이지?'라고 생각할 여지를 주는 단어를 써서는 안 됩니다. 판매자는 자신도 모르는 사이 업계 종사자만 알아들을 수 있는 전문용어를 쓰는 일이 많습니다.

64.2db의 저소음 모터 ⇨ 조용한 사무실 정도의 소음
IPX 4등급 생활 방수 ⇨ 샤워기로 뿌려도 안전한 완전 방수

상세페이지에 무슨 뜻인지 생각해야 할 표현이 많으면 많을수록 소비자는 피로감을 느껴 상세페이지로부터 이탈합니다. 초등학교 고학년이 읽어도 이해할 수 있는 상세페이지를 목표로 카피를 수정해 주세요.

17.7L 대용량 ⇨ 1L 생수 17병이 들어가는 대용량

깃털처럼 가벼운 안경테 ⇨ 500원 동전 무게의 안경테

그리고 애매하고 추상적인 표현도 이처럼 구체적으로 이해하기 쉽게 바꿔주면 좋습니다. 이제 가장 중요한 이미지 내용 기획인데요. 물론 상세페이지는 업종마다 들어가야 할 내용이 달라지긴 합니다.

구매 동기	해당 상품군	강조해야 할 내용
생존의 욕구	의식주 관련 상품, 공산품, 생필품, 생활용품	경쟁사 대비 기능이 좋다. 경쟁사 대비 가격이 저렴하다. 이 상품은 당신에게 꼭 필요하다.
안전의 욕구	안전용품, 위생용품, 호신용품, 건강기능식품, 건강보조식품	이걸 안 쓰면 당신에게 어떤 위험이 다가오는지, 이 상품을 사면 당신이 어떻게 안전해지고 건강해지는지
애정 소속의 욕구	효도, 선물, 커뮤니티 굿즈	이 상품을 쓰면 사용자가 얼마나 좋아하는지
존중의 욕구	명품, 트렌드 상품, 한정판 상품, 환경용품, DIY형 상품, 연예인이 쓰는 상품	이 상품은 고귀하다, 이 상품이 지금 인기가 많다. 이 상품을 사면 남들이 당신을 우러러본다. 이 상품을 쓰는 당신은 얼리어답터다. 이 상품을 쓰는 당신은 녹색 소비자다. 당신은 이걸 직접 만들 수 있는 대단한 사람이다. 유명한 연예인도 쓰는 상품이다.
자아 실현의 욕구	서적, 강좌, 취미 컬렉션, 인테리어 용품	이 상품이 있으면 원하는 내가 될 수 있다. 이 상품이 있으면 보기만 해도 기분이 좋고 뿌듯하다.

구매 동기 5가지

앞서 상품의 구매 동기를 공부했죠? 5가지 동기 중 내 상품이 어디에 해당하는지 밝혀서 관련 내용을 넣어주면 됩니다. 반대로 업종을 불문하고 넣어야 하는 필수 요소도 있는데요. 이는 모든 상세페이지가 반드시 수행해야만 하는 미션 때문입니다.

상세페이지의 미션이란?

① 흥미를 유발하고

② 상품의 본질을 보여주며

③ 매력적인 차별화를 선보이고

④ 내 말이 거짓이 아님을 증명한다.

상세페이지의 최우선 미션은 일단 첫 5초 안에 소비자가 스크롤을 내리고 싶게끔 흥미를 유발해야 합니다. 지금은 상품이 너무 많은 시대입니다. 퍼스트 컨택, 다시 말해 소비자가 처음 상세페이지를 접한 상황에서 소비자의 이목, 주의를 끌지 못하면 소비자는 뒤로 가기를 눌러서 다른 상품을 보러 가버립니다.

관심을 끄는 데 성공하면 다음은 상품의 본질을 보여줍니다. 예를 들어, 당그니 3d펜이라면 '이 상품은 당신의 자녀가 3d 입체 도형 예술 작품을 만들게 돕는 완구입니다'라고 상품의 본질을 직관적으로 이해시켜야 합니다. 여기 설명이 직관적이지 못하면 소비자는 이 상품이 나랑 도대체 무슨 상관이 있는지 이해하지 못하고 뒤로 가기를 눌러버립니다.

상품의 본질을 이해한 소비자는 '이건 이런 상품이구나. 나에게 필요하겠는걸?'이라고 생각하게 됩니다. 다음으로 경쟁 상품과는 다른 매력적인 차별화를 보여주면 소비자는 '다른 상품을 살 바에는 이걸 사는 게 낫겠는데?'라고 느낄 것입니다. 마지막으로 위에서 말한 모든 내용이 거짓

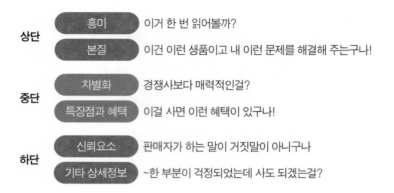

상단	흥미	이거 한 번 읽어볼까?
	본질	이건 이런 상품이고 내 이런 문제를 해결해 주는구나!
중단	차별화	경쟁사보다 매력적인걸?
	특장점과 혜택	이걸 사면 이런 혜택이 있구나!
하단	신뢰요소	판매자가 하는 말이 거짓말이 아니구나
	기타 상세정보	~한 부분이 걱정되었는데 사도 되겠는걸?

말이 아님을 증명하는 신뢰 요소를 보여주어 결제로 이끕니다.

미션을 완벽하게 수행하기 위한 상세페이지의 세부 구조는 위의 그림과 같습니다. 먼저 상단에서는 흥미를 유발해 스크롤을 내리게 하고, 상품의 본질을 이해시킵니다. 그다음 매력적인 차별화를 보여줘서 더욱 흥미를 갖게 하고, 일반적인 특장점과 소비자 혜택을 쭉 보여줍니다.

이쯤 되면 소비자는 이 상품이 나에게 필요하다는 걸 이해하지만, 아직 걸리는 점이 있습니다. 판매자가 나에게 한 말이 진실인지 확신할 수 없다는 것이죠. 그러므로 내가 하는 말이 거짓이 아님을 증명하는 신뢰 요소를 보여줍니다. 그러면 소비자는 이 상품을 내가 구매했을 때를 상상하게 됩니다. '배송은 빠르게 되는가? 이 상품이 집에 들어오면 부피는 얼마나 차지할까? 세탁은 편할까? 사이즈는 몇으로 주문해야 할까? 유통기한은 얼마나 갈까? 보관은 어떻게 해야 하지?' 등등… 구매하기 전 우려하는 포인트가 있겠죠? 그 부분을 기타 상세 정보에서 풀어내면 됩니다.

상세페이지의 구조를 어떻게 짜면 될지 어느 정도 감이 잡히시죠? 그러나 아직 '이렇게 만들면 되겠다!' 하면서 상세하게 구체화하긴 쉽지 않습니다. 백문이 불여일견(百聞而不如一見)이라고 상세페이지의 기획력을 높이기 위해서는 실제로 잘 만든 상세페이지를 보면서 이 상세페이지가 어떻게 미션을 구현하고 있는지를 분석해야 합니다.

이는 책을 다 읽은 다음 경쟁사 1등 상품 상세페이지를 보면서 차차 연습해나가면 됩니다. 물론 어느 정도 숙달되기 전까지 상세페이지를 만들 수도 있어야겠죠? 그래서 여러분이 바로 따라 할 수 있는 상세페이지 템플릿을 준비했습니다.

템플릿 각 요소에 관해 설명하기 위해 실제 상세페이지를 보여드리겠습니다. 여기선 '오누즈 배틀라이더'를 예시로 들겠습니다. 이 상품은 무선 조종 RC카인데 다음 페이지 사진에서 확인할 수 있듯이 핑크색 인형, 파란색 인형이 탑승한 RC카입니다. 서로 부딪쳐서 범퍼에 있는 버튼이

팔리는 상세페이지의 템플릿

이벤트	동영상	GIF
콘셉트 이미지	소비자 상황과 문제 해결	매력적인 차별화 포인트
기본 기능 설명	신뢰 요소	다양한 활용도
후기	브랜드 스토리	필수 정보
주의사항	배송 반품 C/S 환불 안내	

오누즈 배틀라이더 TV광고 배틀카 범퍼카 어린이 장난감 자동차 유아 아기

59,800원 무료 오늘출발

출산/육아 > 완구/매트 > 작동완구 > 자동차

캐릭터 : 기타 | 연령 : 3세, 4세, 5세, 6세, 7세이상 | 최소연령 : 36개월 | 타겟연령 : 키즈
| 특징 : 무선조종

리뷰 298 · 구매건수 830 · 등록일 2022.09. · ♡ 찜하기 308 · 🖨 신고하기   🗐 톡톡

오누즈 배틀라이더 예시

눌러지면 라이더가 튕겨 나가는 기능이 있습니다. 이 기능을 이용해 범퍼카 배틀을 벌일 수 있는 대전형 RC카입니다. 그렇다면 어떻게 상세페이지를 만들었는지 1번부터 살펴볼까요?

① 이벤트

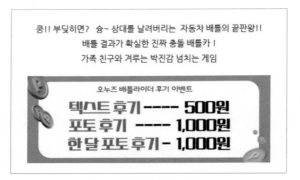

오누즈 배틀라이더 리뷰 이벤트

상세페이지 가장 상단에는 이벤트가 와야 합니다. 할 수 있는 이벤트에는 여러 가지가 있는데, 가장 기본은 예시와 같은 리뷰 이벤트입니다.

스마트스토어는 기본적으로 리뷰를 작성하면 네이버 페이 포인트를 받을 수 있어서 시간이 지나면 리뷰가 쌓이는데요. 막 상품을 등록한 초창기에 리뷰 이벤트를 걸어놔야 더 빠르게 신뢰도를 확보할 수 있습니다.

그 외에는 상품 따라 다르긴 하지만 'ㅇㅇ날 혹은 ㅇㅇ데이 기념 이벤트, 여름맞이 겨울맞이 이벤트, 추석 크리스마스 명절 수능 이벤트, 판매량 1만 돌파 기념 이벤트' 등 이런저런 대의명분을 내세워서 10% 할인 프로모션, 1+1 프로모션 등을 진행하곤 합니다. 상품 등록 후 리뷰 이벤트를 하는 방법에 대해서도 뒤에서 설명하겠습니다.

② 동영상

오누즈 배틀라이더 동영상

앞서 언급한 것처럼 상세페이지 체류 시간을 늘리기 위해 동영상을 꼭 넣어야 합니다. 순서상 두 번째로 설명하고 있으나 동영상을 꼭 리뷰 이벤트 바로 아래에 넣으라는 말은 아닙니다. 상품에 따라서 이 위치에 넣으면 좋겠다 싶은 곳에 넣어주시길 바랍니다. 오누즈 배틀라이더는 SNS

광고를 진행한 적 있는 상품이라서 광고 내용 일부를 편집해서 동영상으로 넣었습니다.

③ GIF

내 상품이 임팩트 있는 콘텐츠 제작이 가능하다면 GIF로 만들어서 넣어야 합니다. 이것 역시 동영상처럼 바로 나올 필요는 없고 적재적소에 넣어주시면 됩니다. 여기에서는 GIF를 보여드릴 방법이 없어서 정지된 사진인데요. 두 배틀라이더가 부딪혀서 한쪽 라이더가 튕겨 나가는 장면을 GIF 3개로 만들어서 넣었습니다.

오누즈 배틀라이더 GIF

④ 콘셉트 이미지

만약 리뷰 이벤트 아래에 다른 요소를 넣지 않는다면 대다수의 경우 콘셉트 이미지가 오게 됩니다. 콘셉트 이미지는 상품을 전면에 앞세워 보여주면서 내 상품의 콘셉트를 표현하는 한 줄 헤드라인 카피를 얹은 이미지입니다. 한 마디로 USP를 이미지로 표현한 것입니다. 오누즈 배틀라이더의 콘셉트 USP는 '부모가 아이와 놀아주는 데 최적화된 RC카'입니다.

시중에 RC카는 많습니다. 아이들은 RC카를 정말 좋아하죠. 대부분 RC카는 람보르기니나 부가티처럼 실존하는 자동차 디자인을 따라 만들었거나 바깥에서 가지고 놀 걸 상정하고 내구성이 튼튼한 오프로드형으로 만듭니다. 그런데 배틀라이더의 디자인은 기존 RC카와 아주 다릅니다.

오누즈 배틀라이더 콘셉트 이미지

범퍼카 형태로 만들어서 부딪치면 라이더가 튕겨 나오는 것에 착안해 '부모가 아이와 대결하면서 놀아주기 최적화된 RC카'를 콘셉트 USP로 잡은 것입니다.

제가 상세페이지의 기본 골자는 첫째, 소비자가 가진 문제를 내 상품이 잘 해결해 줄 수 있으며 둘째, 또한 내 상품은 경쟁사 상품과 비교했을 때 이런 매력적인 차별화가 있다는 2가지를 보여주는 것이라고 했었죠. 콘셉트 이미지부터 매력적인 차별화의 요소가 있습니다. 두 번째를 진행했으니 이제 첫 번째를 보여줄 차례입니다.

⑤ 소비자 상황과 문제 해결

부모는 왜 아이에게 장난감을 사줄까요? 아이의 행복이 첫 번째 이유이긴 하나, 저도 애를 둘 키워보니 현실적인 문제도 있었습니다. 집안일 때문에 힘들어 잠깐 쉬고 싶은데 아이가 계속 놀아달라 조르니 장난감을 대신 갖고 놀라고 사줍니다. 문제는 아이가 금방 질리거나, 고장을 내서 또 새로운 장난감을 사줘야 하는 악순환에 빠진다는 것입니다.

배틀라이더의 상세페이지는 이런 소비자 상황에 포커싱을 맞춰서 제작했습니다. 범퍼카를 본떠 만든 RC카니 내구성이 탄탄해 부서질 일이 없고, 라이더가 튕겨 나가니 승부가 가능하며, 어른이 일방적으로 이겨버리면 아이가 금방 질리니 누가 어떻게 이길지 모르는 의외성을 도입한 것이죠. 결과적으로 집에 배틀라이더가 한 세트 있으면 이걸로 꾸준히 애들과 놀아줄 수 있으니 계속 새로운 장난감을 사줘야만 하는 악순환을 끊어

첫째,
승부가 있어야 오래 가지고 놉니다.

단순히 조종만 하는 RC카는
10분을 못 갑니다.
블레이드 팽이처럼, 딱지놀이처럼
게임, 즉 승부가 필수죠.

부딪히면? 슝~
상대를 날려 승부를 가르는
국내최초의 RC 배틀카

승자와 패자가 명확한 깔끔한 승부로
논쟁을 만들 일이 없겠죠?

둘째,
승부가 있어야 오래 가지고 놉니다.

배틀라이더는 부딪히려고 태어난
RC카입니다.

마치 놀이공원에 있는
범퍼카를 닮았죠?

차체 전체를 감싸는
고무바킹 두께 **1.7cm**
세게 부딪쳐도 충격을 완화해줍니다

목 없이 **얼굴과 몸통을 일체로 연결**
슝슝 날아가도 부러지지 않는 라이더

역시 고무 바킹으로 보호되어
튼튼하게 작동하는 **크러시포인트**

더 이상 아이들에게
"조심해서 가지고 놀아~"라는
주의는 주지 마세요.

**마음껏 조종하고, 달리고,
부딪히게 하세요!**

셋째,
의외성이 있어야 질리지 않습니다

매일 이기는 아빠, 엄마?
아이들은 금방 지루해 하죠.

배틀라이더는 단순 레이싱이 아닌
게임이기 때문에 의외의 상황,
변수가 많이 등장합니다.

오누즈 배틀라이더 소비자 상황 & 문제 해결

낼 수 있습니다.

이렇게 소비자가 처한 상황, 문제, 불안, 고민, 근심, 걱정을 마치 소비자의 마음속에 들어갔다 나온 것처럼 읽어주고 '당신이 가진 그 문제? 우리 상품이 해결했어요!'를 상세페이지에서 말하기 위해 먼저 시장조사를 한 것입니다. 소비자 조사를 하지 않으면 소비자가 왜 아이에게 RC카를 사주는지, 그 RC카를 사주므로 인해 궁극적으로 뭘 원하는지를 모르니 이런 내용이 들어간 상세페이지를 만들 수가 없습니다.

여러분이 시장조사를 안 하고 디자인 업체에 의뢰를 맡기면 디자이너가 알아서 시장조사를 해줘서 이런 내용을 상세페이지에 넣어줄까요? 절대 그렇지 않습니다. 직접 시장조사를 하고, 내용을 기획해 가이드라인을 만들어서 제공해야 하는 거죠.

⑥ 매력적인 차별화 포인트

'당신 이런 부분이 고민이지? 내 상품이 당신의 문제를 이렇게 해결해 줄 수 있어'를 말했으니 콘셉트 이미지에서 살짝 맛보기를 보여줬던 '그리고 내 상품은 경쟁사와 비교했을 때 이런 매력적인 차별화가 있어'에 관해 구체적으로 풀어줄 차례입니다. 사실 가장 큰 차별화는 이미 앞에서 나왔죠. 단순 무선 조종만 되는 타사 RC카에 비해 튼튼하고, 아이도 어른을 이길 수 있는 대결 게임이 가능한 '부모가 아이와 놀아주는 데 최적화된 RC카'라는 기능의 차별화가 있었습니다.

매력적인 차별화는 새로운 기능, 디자인, 가성비, 상징, 스토리 5가지가 남자 아이들만 좋아하는 RC카?

No!

배틀라이더는
너무 사랑스럽고 귀엽습니다.

전문 디자이너와 함께 세심하게
선택한 **펜톤컬러!**

수십 번 수정한 귀여운 얼굴

앞뒤로 반짝! 디테일한 라이트

조잡한 무선조종기 대신
자동차 디자인과 페어링되는
고급스러운 조종기

여기서 끝이 아니죠?!

스티커로, 풍선으로 **RC카를 튜닝하고**
번호판에는 이름을 적어
나만의 차를 만들죠

우락부락 누가 봐도 오프로드 뛸 것
같은 RC카와 비교하지 마세요.
남자아이, 여자아이, 아빠도, 엄마도
사랑스러운 배틀라이더에
푹 빠질거예요.

오누즈 배틀라이더 차별화

있다고 했습니다. 여기서 저는 '아이와 놀아주기에 최적화된 RC카'라는 새로운 기능, '부모가 아이와 놀아주기 위해 만든 RC카'라는 스토리 2개의 패를 사용했습니다. 튼튼하고 질리지 않아 오래 갖고 놀 수 있다는 가성비도 살짝 건드려줬지만, 기존 RC카에 비해 특출나게 저렴하진 않았기에 가성비는 차별화 포인트로서 애매한 감이 있습니다.

혹자는 디자인이 다른 RC카에 비해 너무 수수하다고 하지만, 저는 반대로 디자인과 상징이라는 차별화도 구현할 수 있겠다고 생각했습니다. 보통 RC카는 남자아이만 좋아하는데 핑크색 디자인도 있으니 여자아이도 호감을 느낄 수 있으며, 스티커와 풍선을 붙여서 직접 꾸밀 수 있다는 점을 내세웠습니다.

⑦ 기본 기능 설명

다음으로 상품에 관한 기본 기능을 쭉 설명해 줍니다. 기본 정보와 사용법 등을 알려줘야 하는데요. 중요한 건 내 상품의 특장점을 말하는 데에서 그칠 것이 아니라, 그로 인해 구매하는 소비자에게 어떤 이익을 얻을 수 있는지 소비자 혜택(Benefit)을 말해줘야 합니다. 이 장난감을 아이가 갖고 놀다 보면 아이가 회복 탄력성, 상호협동, 인내심, 집중력을 기를 수 있다고 말하는 것처럼요.

이 대목에서 추가로 들어가야 할 내용은 내 상품의 구매 동기, 정보성 키워드를 통해 알게 된 소비자들이 상품에 대해 걱정하는 부분, 이슈, 중요하게 생각하는 요소를 넣어주면 됩니다.

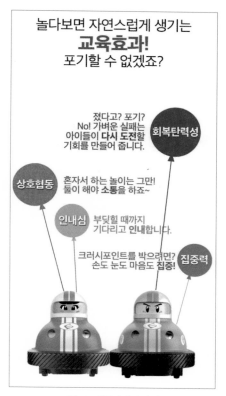

오누즈 배틀라이더 혜택

⑧ 신뢰 요소

그다음은 상품의 신뢰 요소를 쭉 풀어냅니다. 배틀라이더는 KC 인증
과 고객 후기, 고객 리뷰 정도를 넣어줬는데요. 상품의 신뢰 요소에는 이
외에도 생산 환경(공장)에 의한 신뢰도, 기술 특허에 의한 신뢰도, 유명 인
플루언서 혹은 권위자의 추천에 의한 신뢰가 있었습니다. 내 상품이 가진

신뢰도를 최대한 표현하여 넣어주면 됩니다.

오누즈 배틀라이더 신뢰 요소

⑨ 다양한 활용도

오누즈 배틀라이더 활용도

상품은 활용도가 한 가지로 고정된 상품도 있지만, 다양한 상황에서 다양한 방법으로 활용 가능한 상품도 있습니다. 상세페이지에는 상품의 다양한 활용 방안을 전부 보여줘야 합니다. 소비자가 '어? 나는 이 상품이 이런 것만 가능한 줄 알았는데 이렇게도 쓸 수 있네? 사두면 두고두고 쓸 곳이 있겠네'라고 생각할 수 있도록 최대한 풍성하게 보여주세요.

배틀라이더의 경우 이 다양한 활용도를 상세페이지에 직접 넣지는 않았습니다. 대신 동영상에서 배틀뿐만 아니라 레이싱 경주, 주차 놀이, 2 대 2 팀전도 가능하다고 풀어냈습니다.

⑩ 후기

오누즈 배틀라이더 소비자 신뢰도

후기는 소비자에 의한 신뢰도입니다. 후기는 상품이 팔리고 나서야 생기기 시작하므로 맨 처음에는 이 후기 부분 없이 상세페이지를 등록할 수밖에 없습니다. 등록 후 리뷰 이벤트를 통해 좋은 후기가 생기기 시작하면 가장 내 상품에 대해 잘 칭찬한 후기를 선별해 강조하는 내용을 꼭 추가해주세요.

⑪ 브랜드 스토리

"
5살, 7살, 10살 아들만 셋!
RC카라면 자다가도
벌떡일어났죠.

그런데…
10분을 못 가더라고요.

왜?
금방 지루해지니까
맨날 아빠만 잘하니까
부딪혀서 망가져버리니까

그리고 또 시작된
"놀아줘~ 심심해~!"
"

비싼 돈 주고 샀는데 10분이라니..
그래서 고민했습니다.

아이들과
오래도록, 재미있게, 튼튼하게
즐겁게 놀아 줄 수 있는
RC카는 없을까?

오누즈 배틀라이더는
딱 1가지에만 집중했습니다.

함께 오래가지고 놀 수 있는
RC카

그리고 제가 찾은 정답은
승부, 내구성, 의외성
입니다.

오누즈 배틀라이더 브랜드 스토리텔링

다음은 브랜드 스토리입니다. 브랜드 스토리는 내가 이 상품을 개발한 이유 혹은 내가 이 상품을 소싱한 이유 둘 중 하나로 가야 하는데, 저는 소비자 상황, 문제 해결과 맞물려서 '부모가 아이와 함께 놀아주는 RC카' 콘셉트를 빛낼 브랜드 스토리를 만들었습니다.

⑫ 필수 정보, 주의사항, 배송 반품 C/S 환불 안내

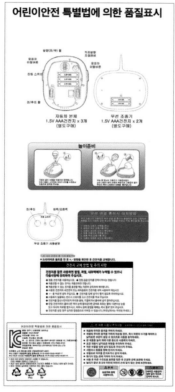

오누즈 배틀라이더 기타

마지막으로 가장 중요하지 않은 정보인 상품 스펙, 주의사항, 배송 반품 C/S 환불 안내를 맨 밑으로 뺍니다.

여기까지 상세페이지 템플릿을 살펴봤습니다. 앞에서 아이템 리포트와 마켓 리포트를 만들면서 '이걸 왜 하는 거지?' 하고 의문이 들었을 수도 있습니다. 그런데 보시다시피 상세페이지를 만들 때 미리 조사해둔 내용이 다 쓰이는 걸 볼 수 있었죠? 다 쓰임이 있기 때문에 우리는 그동안 열심히 도끼날을 갈았던 것입니다.

한 번 더 눈길이 가는 섬네일 만들기

"누구보다 빠르게 남들보단 다르게 색다르게"

래퍼 아웃사이더의 〈Motivation(모티베이션)〉의 일부 가사입니다. 저 짧은 한마디가 섬네일 제작의 모든 것을 말해준다고 봐도 과언이 아닙니다. 상세페이지는 어느 정도 정형화된 템플릿이 있는 반면, 섬네일은 철저하게 경쟁 상품과의 비교를 통해 만들어야 합니다. 소비자는 내 상품 관련 키워드를 검색하고 스크롤을 쭉 내려서 첫인상이 좋은 상품을 클릭하는데, 이때 나와 같이 검색에 걸리는 상품보다 색달라야 하겠지요.

제가 강의를 나가면 사람들에게 자주 테스트하는 예제가 하나 있습니다. 다음 페이지의 사진을 보시면 총 8개의 함박스테이크(햄버거스테이크)가 있는데요. 맨 위에 광고ⓘ가 붙은 쇼핑 검색 광고 상품 둘을 제외한 6개의 함박스테이크 중 어떤 함박스테이크가 가장 한눈에 쏙 들어오시나요?

가장 클릭을 많이 받을 섬네일은?

제 경험상 거의 대부분 맨 밑에서 왼쪽에 있는 바르밀 무항생제 한우 함박스테이크를 골랐습니다. 왜 저 함박스테이크를 가장 먼저 클릭해 보고 싶을까요? 6개 함박스테이크와 색다른 섬네일을 썼기 때문입니다.

다른 함박스테이크는 상품 패키지나 고기를 강조했는데 바르밀 함박스테이크는 아이가 맛있게 스테이크를 먹는 모습을 강조했습니다. 쇼핑 검색 광고까지 포함한다면 이 8개의 함박 스테이크 중 가장 클릭을 많이 받을 함박스테이크는 연예인이 등장한 함박스테이크와 바르밀 함박스테이크가 됩니다.

여기서 반대로 만약 모든 사람이 다 아이가 스테이크를 먹는 섬네일을 쓴다면 어떨까요? 섬네일은 '누구보다 빠르게 남들보단 다르게 색다르게 해야 한다'라고 했죠? 그럴 때는 반대로 맛깔나게 구워진 고기를 강조하거나, 혹은 저 푸른 초원을 배경으로 깔아 소를 보여주는 식으로 색다르게 만들면 눈에 띌 수 있습니다.

생강청 섬네일 경쟁

예를 하나 더 들어보겠습니다. 제가 컨설팅을 해드렸던 사례인데 섬네일만 봐도 경쟁이 치열하다는 걸 알 수 있습니다. 원래 생강청은 상품을 내세우는 게 전형적인 방법인데요. 여기서 차별화를 주기 위해 생강청을 파는 판매자를 내세운 섬네일이 보입니다. 그런데 거기서 한차례 더 차별화를 줘서 위생복을 입고 생강청을 들고 찍은 섬네일까지 있습니다.

남들과는 색다른 섬네일을 누구보다 빠르게 올리면 경쟁사를 제치고 많은 클릭을 받을 수 있는데, 경쟁사도 이를 눈치채고 내 섬네일과 비슷하게 따라 하며 쫓아옵니다. 그러면 클릭률이 점점 줄어들게 됩니다. 처음에는 유입 키워드를 검토해 보고 그다음에 섬네일을 같이 체크해서 남들이 다 나와 비슷하게 했다면 나는 다시 이들과 다른 섬네일로 교체해서 클릭 수를 높여주면 됩니다.

그렇다면 상품등록 이후 섬네일을 수정해도 노출에 불이익이 없을까요? 물론 상품명은 안 건드리는 편이 좋습니다. 하지만 섬네일과 상세페이지는 수정해도 불이익은 없습니다. 더 차별화된 콘텐츠로 바꿔주면 오히려 인기도 지수에 좋은 영향을 주지만, 섬네일과 상세페이지는 제작에 리소스가 많이 들어가니 통계를 보다 유입이 줄어들 때 한 번씩 섬네일을 점검해 주면 됩니다.

기본적인 원칙은 경쟁사가 어떻게 하는지 보고 이들과 다른 방식의 섬네일을 만드는 것이지만, 그동안 여러 섬네일을 만들어보면서 제가 느낀 클릭 잘 받는 섬네일의 3가지 조건을 팁으로 알려드리겠습니다.

이 3가지가 들어간 섬네일은 웬만해서는 많은 클릭을 받을 수 있습

섬네일 불패의 3가지 기준

예쁜 여성

웃는 아기

귀여운 반려견

일반적인 이미지 & 귀여운 반려견 이미지를 섬네일에 넣은 비교 사례

니다.

제가 쿠팡에서 냉풍기를 팔았을 때의 일입니다. 왼쪽이 변경 전 섬네일, 오른쪽이 변경 후 섬네일인데요. 애견용품도 아닌데 귀여운 강아지의 '개시원'한 느낌으로 바뀐 것만으로 클릭을 1.5배 더 받았습니다. 사진 자체로만 따지면 왼쪽이 더 퀄리티가 높은데도 말입니다. 여러분의 상품에도 이 3가지를 적용할 수 있는지 따져보시길 바랍니다.

마지막으로 섬네일 제작 시에 주의할 점이 있습니다. 섬네일의 사이즈는 1000×1000(픽셀) 사이즈로 제작해 주시면 되고, 사람과 상품은 들어가도 되지만 텍스트가 들어가서는 안 됩니다.

당그니3d펜으로 한 눈에 알아보는 실전 상품등록

이제 여러분의 손에는 아이템 리포트, 마켓 리포트를 통해 내 상품의 강점, 소비자의 니즈와 원츠, 경쟁사와의 차별화가 모두 고려된 상세페이지와 섬네일이 있을 것입니다. 상품 관련 키워드도 다 정리되어 있고요. 이

상품관리

상품 조회/수정

상품 등록

상품 일괄등록

카탈로그 가격관리

연관상품 관리

사진 보관함

배송정보 관리

템플릿 관리

공지사항 관리

구독 관리

판매자센터 상품관리 카테고리

제 도끼날은 충분히 갈렸습니다. 잘 갈린 도끼로 나무를 찍으러 가봅시다. 여태까지 줄곧 예로 든 당그니 3d펜으로 실전 상품 등록하는 과정을 쭉 보여드리겠습니다.

스마트스토어 판매자센터에 접속해서 상품관리⇨상품 등록으로 들어가 주세요.

상품 카테고리 선정

맨 처음에 카테고리가 보입니다. 이 카테고리에는 '내 상품은 이 카테고리지 뭐' 하고 생각대로 넣으면 안 됩니다. 네이버가 내 상품을 어떤 카테고리로 생각하는지 알아내서 그대로 가야 적합도 점수가 안 깎입니다.

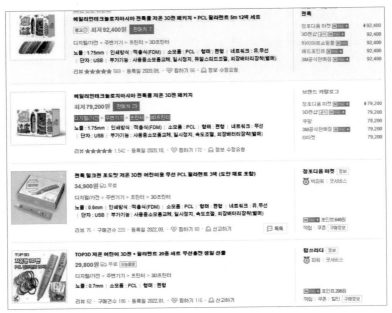

상품 카테고리 찾기

　이 카테고리 선정하는 방법은 키워드 조사 편에서 배웠습니다. 네이버 쇼핑에서 내가 들어갈 상품 대표 키워드를 검색해 광고를 제외하고 가장 먼저 뜨는 상품의 대>중>소>의 세 카테고리에 그대로 들어가야 한다고 했었죠. 저는 처음에 당그니 3d펜을 교구 카테고리로 생각했지만, 네이버 쇼핑에 검색해보니 당그니 디지털/가전>주변기기>프린터>3D프린터 였습니다. 그대로 카테고리를 선택해 주면 됩니다. 여기서 주의해야 할 점이 있습니다. 카테고리를 알아보려고 네이버 쇼핑에 키워드를 검색했는데 뜨는 상품이 내 상품과 다른 경우인데요.

백팩 카테고리

예를 들어 위의 사진은 제가 네이버 쇼핑에서 '백팩' 키워드를 검색한 결과입니다. 광고ⓘ 아래를 보면 패션잡화＞남성가방＞백팩으로 되어있죠? 실제 상품도 다 남성용 백팩뿐입니다. 네이버가 그동안의 판매 데이터를 봐보니 백팩 키워드를 검색해 상품을 사는 사람은 남성 백팩을 찾는 사람이 압도적이라 일부러 이렇게 배치한 것입니다.

그런데 내가 파는 상품이 여성용 백팩이라면 어떻게 해야 할까요? 그럴 땐 상품 결이 다른 백팩 카테고리에 들어가면 안 되고, 내 상품과 결이 맞는 다른 키워드를 찾아야 합니다.

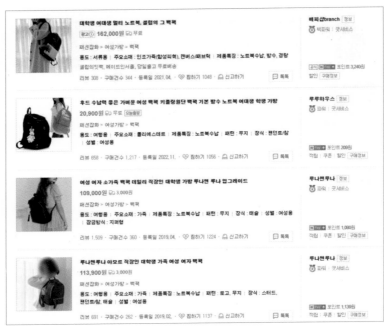

여성 백팩 카테고리

키워드를 '여성백팩'으로 교체하자 여성이 사용하는 백팩 상품이 뜹니다. 카테고리도 패션잡화>여성가방>백팩이네요. 즉, 내가 백팩 중에서도 여성용 백팩을 판다면 상품명에 백팩 키워드는 쓰지 말고 여성백팩 키워드를 써야 합니다. 그리고 상품명에 들어가는 모든 키워드는 다대>중>소 카테고리가 같아야 합니다.

구독 설정

　그 아래에는 구독설정이 있습니다. 이건 정기구독 상품에 쓰는 옵션입니다. 당그니 3d펜은 구독 상품이 아니니 설정 안 함을 하겠습니다.

예약 구매 설정

　예약 구매는 재고가 다 떨어졌을 때 사용합니다. 스마트스토어는 기본적으로 결제일 3일 이내에 출고가 되어야 페널티를 안 받습니다. 여기서 재고가 다 떨어졌는데 새 상품이 1주일 후에 들어온다면 어떨까요? 그 1주일 사이 사람들이 주문하는데 상품이 없어 출고가 안 되면 위험하겠죠? 이때 예약 구매 설정을 해놓으면 페널티를 받지 않습니다. 1주일 후 상품에 물건이 채워지면 그때 발송을 시작하면 됩니다.

상품명 · ⑦

오누즈 당그니 3d펜 TV홈쇼핑 PCL 필라멘트 9종 저온 어린이 쓰리디펜 당근이 세트 유아

판매 상품과 직접 관련이 없는 다른 상품명, 스팸성 키워드 입력 시 관리자에 의해 판매 금지될 수 있습니다.
유명 상품 유사문구를 무단으로 도용하여 ~스타일, ~st 등과 같이 기재하는 경우 별도 고지 없이 제재될 수 있습니다.
전용 상품명을 사용 중인 경우 대표 상품명 수정 시에도 전용 상품명으로 노출됩니다.
상품명을 검색최적화 가이드에 잘 맞게 입력하면 검색 노출에 도움이 될 수 있습니다. 상품명 검색품질 체크

상품명 입력

상품명은 정말 중요합니다. 상품명에 입력한 키워드로 소비자가 검색했을 때 내 상품이 뜨기 때문이죠. 유입의 3요소(상품명, 섬네일, 노출가격) 중 가장 중요하다 봐도 과언이 아닙니다.

검색 랭킹에 관해 설명할 때 말씀드린 시나리오가 기억나시죠? 적합도를 잘 지켜서 상품 등록하면 인기도의 최신성 보너스를 받아 대표 키워드는 4~5페이지에 걸리나, 세부 키워드에서는 1페이지에 걸립니다. 세부 키워드를 통해 상품이 팔리기 시작하면 판매실적 보너스를 받아 대표 키워드에서도 순위가 올라 더 잘 팔리기 시작한다고 했습니다.

상품등록 페이지에서는 이 상품명을 총 100자까지 적을 수 있게 되어 있지만 실제로는 50자 안으로 지어야 합니다. 상품명 아래에 '상품명 검색품질 체크'라는 초록색 버튼 보이시죠? 이걸 누르면 내가 상품명을 잘 지었는지 네이버가 검사해 주는데요.

제가 일부러 키워드를 중복시켜 50자를 넘긴 상태에서 검색품질 체크를 해보겠습니다. 보시다시피 50자 이내 입력 권장, 동일한 단어 반복으

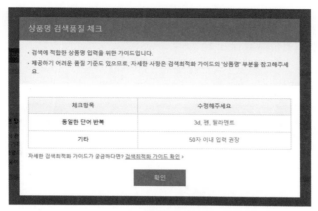

검색품질 체크

로 빨간 불이 뜹니다. 그래서 상품명 50자에는 저희가 키워드 조사를 하면서 알아낸 카테고리 대>중>소가 일치하는 세부 키워드가 중복되지 않게 최대한 넣어서 만들어주시면 됩니다. 저의 경우 '오누즈 당그니 3d 펜 TV 홈쇼핑 PCL 필라멘트 9종 저온 어린이 쓰리디펜 당근이 세트 유아'로 되어있는데요. 여기서 만들어지는 조합 키워드는 다음과 같습니다.

- 당그니3d펜, 당근이3d펜, 당그니쓰리디펜, 당근이쓰리디펜

- 3d펜세트, 3d펜필라멘트, PCL필라멘트, PCL3d펜

- 저온3d펜, 어린이3d펜, 유아3d펜

제가 상품 파트에서 언급한 잘 팔리는 상품의 7가지 조건 중 다수의 세부 키워드로 노출 기회가 많은 상품이죠. TV 홈쇼핑을 넣은 이유는 당그

니 3d펜은 TV 광고를 한 상품이라 TV 광고에 나온 당그니 3d펜을 검색하는 사람이 있어서 넣었습니다.

검색품질 통과

상품명 검색품질을 체크했을 때 파란 체크 표시가 뜰 때까지 상품명을 다듬어주세요. 계속 통과되지 않는다면 그 아래 있는 검색최적화 가이드 확인을 눌러서 정독해 보시길 바랍니다.

판매가 설정

　판매가는 노출 가격을 설정하는 곳입니다. 여기서 할인을 설정할 수도 있고, 안 할 수도 있는데요. 예를 들어 제가 당그니 3d펜을 59,800원에 팔고 싶습니다. 판매가에 59,800원을 적고 할인 설정을 안 하면 저는 당그니를 59,800원에 팔 수 있습니다. 아니면 판매가에 70,000원을 적고 10,200원을 할인해도 마찬가지로 당그니를 59,800원에 팔 수 있습니다.

　그렇다면 어떻게 해야 할까요? 저는 무조건 70,000원을 적고 10,200원을 할인해 59,800원을 맞추라고 합니다. 어차피 같은 59,800원이라면 판매가를 높이고 할인을 주는 편이 고객에게 뭔가 조금이라도 더 혜택을 주는 느낌이 나기에 네이버가 좋아합니다.

　또 다른 이유는 옵션 때문입니다. 내가 기본 옵션에서 더 비싼 상위 옵선을 만들고 싶습니다. 이때 상위 옵션 가격은 판매가의 ±50% 범위까지 설정이 가능합니다. 만약 판매가로 60,000원을 적는다면 60,000원의 50%는 30,000원이니까 90,000원 이상의 옵션, 30,000원 이하의 옵션을 만들 수 없습니다. 여기서 내가 100,000원 짜리 옵션을 만들려면 판매가를 더 높이고 할인을 해주어서 70,000원 기본 판매가를 만들면 70,000원의 50%인 35,000원까지 옵션을 정할 수 있으니 최저 35,000원에서 최대 105,000원 사이의 상품 옵션을 만들 수 있습니다.

판매기간은 이 상품을 언제까지 딱 팔겠다라고 설정하는 버튼인데요. 계절 상품이나 수산물을 판다면 판매기간을 쓸 수도 있지만, 기본적으로는 설정 안함으로 해주세요. 꼭 여기서 판매기간 설정은 안 해도 재고가 다 떨어질 때 상품 전시를 중지해두면 그만입니다. 부가세에서는 과세상품, 면세상품, 영세상품 셋 중 하나를 고를 수 있습니다. 웬만한 물건은 다 과세상품이라고 보시면 됩니다. 도서나 농수산물 등 일부 상품은 면세상품이고요. 영세상품은 간이사업자 상품인데 이에 해당하는 것은 거의 없습니다. 내 상품에 맞게 설정해 주시면 됩니다.

재고수량 설정

단일 상품은 재고 수량 칸에 재고를 그대로 입력해주시면 됩니다. 만약 옵션이 여러 개인 상품이라면 옵션 항목에서 재고 수량을 설정할 수 있습니다. 내가 재고 파악이 정확하게 된다면 정확한 수치를 입력해 주시고요. 재고 파악이 안 된다면 1,000단위로 해 주세요. 그러면 '나중에 몇 개 팔렸구나'를 쉽게 계산할 수 있습니다.

옵션 설정

방금 말한 상위 옵션 하위 옵션을 여기서 설정할 수 있습니다. 옵션은 선택형과 직접 입력형이 있는데요. 선택형은 저희가 옵션을 만들면 소비

선택형 옵션 설정 1

자가 그 안에서 선택해야 하고, 직접 입력형은 소비자가 주문할 때 요청 사항을 텍스트로 넣을 수 있습니다. 예를 들어 만년필을 파는데 얼마를 더 받고 이니셜을 새기는 옵션이 있다면 직접 입력형을 만들어서 원하는 이니셜 문구를 적어서 제출하라는 식으로 주로 쓰입니다. 만약 내 상품이 옵션이 있다면 선택형에서 설정함을 눌러주세요.

이런 창이 뜨는데 옵션 입력 방식과 옵션 구성 타입은 그대로 두세요. 옵션명 개수를 옵션 개수로 많이 착각하는데, 옵션명은 내 상품의 옵션 개수가 아니라 옵션을 나누는 기준이 몇 개인지 설정하는 겁니다.

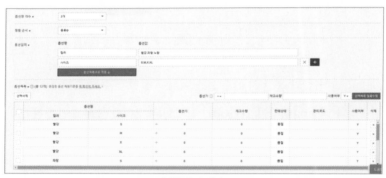

선택형 옵션 설정 2

예를 들어 티셔츠를 판다고 가정하고 옵션명 개수를 2개. 하나는 컬러 (빨강, 파랑, 노랑) 하나는 사이즈(S, M, X, XL)로 하면 12가지(3×4)의 옵션이 생성됩니다. 이 12가지 옵션 각각에 추가 옵션가와 재고수량을 설정할 수 있습니다.

다음으로 상품 이미지입니다. 여기선 대표 이미지(섬네일)와 추가 이미

섬네일, 추가이미지 등록

지를 설정할 수 있습니다. 우리는 이미 경쟁사 조사를 통해 이들과 차별화되는 섬네일 이미지 파일을 갖고 있습니다. 그걸 등록해 주시면 됩니다.

추가 이미지는 총 9장을 등록할 수 있는데요. 위의 사진에서 이미지 하단에 동그라미 모양이 있죠? 스마트폰 환경에서 저 이미지를 옆으로 밀면 추가 이미지를 볼 수 있습니다. 아시다시피 요즘 소비자는 PC보다는 스마트폰으로 상품을 구매합니다. 추가 이미지가 있으면 아래로 내리기 전에 추가 이미지부터 확인하는 소비자도 있기에 추가 이미지는 9장을 다 넣어주시길 바랍니다. 추가 이미지 9장을 따로 만들기 힘들면 상세페이지 일부를 잘라서라도 꼭 9장을 채워주세요. 스마트스토어는 기본적으로

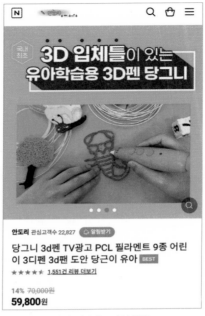

추가 이미지 모바일 환경

네이버가 하라고 요청하는 건 다 하는 편이 좋습니다.

　추가 이미지 밑에는 동영상이 있는데요. 여기서 동영상을 등록하면 상세페이지 최상단에 동영상이 들어갑니다. 그런데 저는 상세페이지 최상단에는 주로 이벤트 안내를 넣기에 여기서 동영상을 넣지는 않습니다. 대신 스마트에디터ONE에서 제가 원하는 위치에 동영상을 넣죠. 만약 최상단에 강조하고 싶은 내용이 없다면 여기로 동영상을 넣으면 됩니다. 넣을 때 동영상 타이틀도 상품명처럼 키워드를 적어주면 네이버 TV에 노출됩니다.

스마트에디터ONE 상세페이지 등록

우리가 날을 갈아 만든 상품 상세페이지를 이 스마트에디터ONE에 등록하면 됩니다. 상세페이지는 긴 세로형 통으로 넣지 말고 중간중간 잘라서 넣어주고, 그 사이사이에 본문으로 상품명의 조합 키워드가 하나씩 들어간 자연스러운 문장을 써주세요. 좀 밀어주고 싶은 키워드는 2~3번 정도 반복해도 됩니다.

모델명, 브랜드, 제조사, 상품설명 등록

모델명, 브랜드, 제조사, 상품 속성입니다. 검색 랭킹 파트에서 말씀드렸다시피 저는 가격 비교로 묶이기 싫으면 일부러 모델명, 브랜드명, 제조사를 뺍니다.

상품 속성 설정

그러나 이 상품 속성만큼은 최대한 꼼꼼하게 입력합니다. 그 이유는 앞 장에서도 설명했듯이 이 상품 속성으로 원하는 상품을 찾는 소비자가 있어서인데요.

3d펜 총 상품 개수

제가 지금 네이버 쇼핑에서 3d펜을 검색하면 14만 4,000개가량의 상품이 노출됩니다.

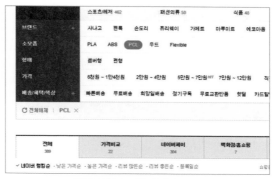

상품 속성으로 개수 줄이기 1

그런데 소모품 PCL 속성을 넣으면 상품 개수가 389개로 줄어듭니다.

상품 속성으로 개수 줄이기 2

여기에 배송/혜택/색상으로 무료교환반품 속성을 넣으면 2개가 남습니다. 14만 4,000개보다는 389개, 389개보다는 2개일 때 내 상품 노출 확률이 높아지겠죠? 그러니 속성은 다 채워주시는 것이 유리합니다.

KC 인증 등록

KC인증이 필수인 카테고리와 그렇지 않은 것이 있습니다. 어린이 제품은 KC 인증이 필수이기에 당그니 3d펜은 KC인증 입력을 해야 합니다. 여러분도 받으신 인증 그대로 넣어주세요.

원산지 등록

원산지는 꼭 입력해 줘야 합니다. 농수산물, 식품은 원산지가 특히나 중요하니까 더 신경 써서 정확하게 입력해야 하고요. 상품상태에서는 내가 파는 상품이 신상품인지 중고상품인지 넣어줄 수 있습니다. 중고 휴대폰을 판다면 이 부분이 중요하겠죠. 저는 신상품만 파니까 신상품에 체크하겠습니다. 제조일자, 유효일자는 식품, 건강기능식품 등에 넣는데 당그니 3d펜은 해당하지 않고요. 미성년자 구매는 전통주 같은 상품을 판다면 불가능을 체크해야 합니다.

상품정보제공고시 등록

상품정보제공고시는 저는 몇몇 부분을 편의상 상품상세참조로 해놨지만 사실 하나하나 일일이 다 적어주는 편이 좋습니다. 품명, 모델명 등은 위에 적은 그대로 맞춰주면 됩니다.

배송정보 등록

　　배송여부에 배송없음은 전자책처럼 무형의 상품에 해당합니다. 유형의 상품을 취급하면 배송을 선택하면 됩니다. 기존에 이용하시는 택배사를 정확하게 선택해 주세요. 배송속성은 만약 오늘출발을 하고 있으면 오늘출발을 선택합니다. 오늘출발의 경우 기준시간, 오늘출발 가능수량을 설정할 수 있는데요. 기준시간은 '오늘 몇 시까지 들어온 주문은 오늘 택배가 출발한다'라는 그 시간을 적어주면 됩니다. 오늘출발 가능수량은 전체 출고 중 오늘 출발은 몇 개까지가 가능하고, 그 이상 넘어가면 내일 출고된다는 뜻입니다. 그 수량을 적어주면 됩니다.

　　제주/도서산간 추가 배송비는 꼭 설정해야 합니다. 제주도 등으로 배

배송비 설정

송할 때 추가 택배비가 발생하는데요. 이걸 설정 안 하면 소비자가 부담할 비용을 내가 부담하게 됩니다. 이 부분은 택배사마다 정책이 다르긴 한데 안전을 기해 꼭 입력합니다. 별도 설치비는 에어컨처럼 기사님이 와서 설치해 주는 상품이면 설정해야 합니다. 당그니 3d펜은 해당 안 되니 없음으로 하면 됩니다. 출고지는 실제 물건이 출발하는 장소를 넣으면 됩니다. 제 경우 안성에 물류창고가 있어서 그걸 넣어줬습니다.

반품/교환 설정

반품/교환은 정말 중요합니다. 교환지를 잘못 입력하면 소비자가 직접 반품할 때 엉뚱한 곳으로 상품을 보내는 바람에 수거가 안 되는 참사가 일어납니다. 만약 위탁판매를 한다면 번거롭더라도 일단 내가 먼저 상품을 받은 다음 수량 확인을 해서 제조사로 넘기는 게 정산이 편리합니다.

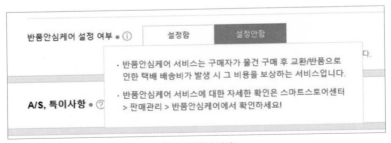

반품안심케어 설정

반품 안심케어는 네이버에서 밀고 있는 정책인데요. 여기에 가입하면 네이버가 주문 1건당 최대 6,000원 한도 내에서 교환, 반품 배송비를 보상해줍니다. 대신 사용료를 지불해야 하는데, 이는 파는 상품 카테고리마다 다릅니다.

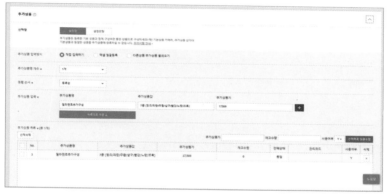

추가상품 설정

추가상품은 업 셀링에서 중요한 대목입니다. 당그니 3d펜은 필라멘트라는 추가상품이 있습니다. 그대로 추가상품 입력을 해주고 목록으로 적용을 누르면 추가 옵션이 만들어집니다.

복수구매할인 설정

구매/혜택 조건에서 복수구매 할인을 설정하면 하나 살 사람이 할인 혜택 덕분에 2개를 사므로 역시나 업 셀링에 해당합니다.

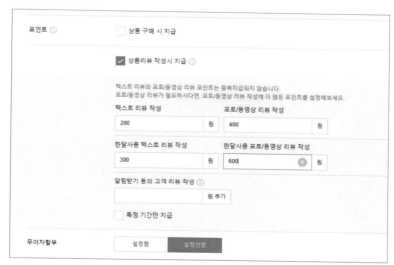

리뷰 이벤트 설정

포인트는 리뷰 이벤트를 설정하는 곳입니다. 포인트를 구매할 때 지급, 리뷰 작성 시 지급 둘 중 선택할 수 있는데 가급적이면 '리뷰 작성 시 지급'으로 해주세요. 상품 구매 시 지급으로 하면 그 자체로 앞에서 객단가가 깎입니다.

리뷰는 텍스트 리뷰보다는 포토, 동영상 리뷰가 더 도움이 되고 한 달 사용 리뷰면 더 좋기에 이 둘에 포인트를 많이 넣어서 리뷰 이벤트 안내해주면 됩니다. 한 달 리뷰의 경우 상품 구매 후에 한 달이 지나면 네이버가 소비자에게 한 달 리뷰를 작성하라고 톡톡을 보냅니다.

무이자할부, 사은품 설정

　　무이자할부일 때는 수수료를 판매자가 지불하지만 이걸 설정해놓으면 할부로 신용카드를 사용하는 사람이 있어서 전환율에 도움이 됩니다. 내 상품이 가격대가 제법 나간다면 설정해놓는 걸 추천합니다. 사은품이 있다면 넣어주면 됩니다.

태그, 메타디스크립션 입력

검색설정도 정말 중요한 곳입니다. 태그, 페이지 타이틀, 메타디스크립션을 입력할 수 있죠. 네이버 측에서는 태그에는 해당 상품을 사용할 때 느끼는 감성을 태그로 넣으라고 하는데요. 이런 감성 태그는 의류, 시즌 상품은 잘 먹히지만 당그니 3d펜 같은 상품은 효과를 보기가 힘듭니다.

태그사전 예시

태그에는 네이버가 만든 태그 사전이 있습니다. 다른 판매자가 많이 쓰는 태그는 태그 사전에 등록되죠. 오피셜에서는 태그 사전에 등록된 태그를 쓰라고 권유하는데요. 당그니 3d펜을 보면 3d펜 외에 다른 키워드는 다 태그 사전에 등록되어 있지 않죠? 원래 태그사전에 등록되지 않은 태그는 사용하지 않는 게 원칙입니다. 그런데 3d펜 카테고리 자체가 생겨난지 얼마 안 된 새로운 카테고리 상품이라서 태그사전에 등록되지 않은 키워드가 많습니다. 여러분은 사진과는 반대로 태그사전에 등록된 키워드만 10개로 채워주시길 바랍니다. 페이지 타이틀과 메타디스크립션은 도움말을 보고 그대로 써주시면 됩니다.

판매자 코드

판매자 코드에서는 판매자를 별도 설정할 수 있는데, 거의 쓰이지 않는 기능이니 무시하고 넘어갑니다.

전시 설정

노출 채널에서는 내 상품 전시 중, 전시 중지 설정을 할 수 있습니다. 전시 중지와 헷갈리는 개념이 판매 중지인데요. 판매 중지는 네이버 쇼핑에서 내 상품을 아예 내려버리는 것입니다. 전시 중지는 네이버 쇼핑에서 내린 건 아닌데 사람들이 검색해서 들어오지 못하게 하는 것이고요. 그래서 전시 중지된 상품은 판매자가 URL을 남에게 주면 그 URL을 타고 들어와 구매하는 건 가능합니다. 그래서 인스타그램 공동구매를 할 때 이 전시 중지 기능을 이용합니다.

쇼핑 상품정보 검색품질 체크

이제 다 왔습니다. 마지막으로 쇼핑 상품정보 검색품질 체크가 있는데요.

항목 기입을 빠뜨렸을 경우

상품 등록하기 전에 마지막으로 무엇을 빼먹었는지 알려줍니다. 내가 의도적으로 비운 게 아니라면 위로 가서 빠진 부분을 채워 넣고 내려옵니다. 모든 항목을 다 채웠으면 바로 저장하기를 누르지 마시고요. 가장 먼저 임시저장을 눌러주시길 바랍니다. 그다음 처음부터 끝까지 다시 한번 설정을 잘못한 부분은 없나, 오탈자는 없나 꼼꼼하게 체크하고 아무 이상 없으면 그때 저장하기를 눌러주세요.

임시저장을 안 하고 처음부터 저장하기를 누르면 나중에 잘못된 부분을 발견했을 때 수정해야 하는데, 상품이 아직 자리 잡지 않은 초반에 자주 수정하면 검색 랭킹에 안 좋은 영향이 있습니다. 그러니 임시저장으로 수정할 곳이 없을 때 저장하기로 상품을 올리시면 됩니다.

효과가 배가 되는 리뷰 이벤트는 이런 것

상품 등록을 마쳤으면 바로 리뷰 이벤트를 시작해 줘야 합니다. 리뷰 이벤트를 넣는 방법은 앞서 상세페이지 편에서 보여드린 리뷰 이벤트 배너를 제작해 스마트에디터ONE을 통해 넣어주고 포인트에서 상품 리뷰 작성 시 지급을 체크하고 지급액을 설정하면 됩니다.

'리뷰 이벤트가 있고 없고'에 따라서 상품이 팔려도 리뷰 달리는 횟수가 눈에 띄게 차이가 납니다. 성공적인 리뷰 이벤트를 진행하기 위해서는 기본적으로 포인트를 많이 줘야 사람들이 많이 참여합니다.

제 경우 리뷰 10개까지는 네이버 페이 포인트 20%를 줍니다. 거기서 다시 10개가 쌓일 때까지는 10%를 줍니다. 20개가 다 차면 그다음부터는 네이버 페이 포인트를 5%로 줄입니다. 리뷰 이벤트는 기본적으로 포토 이벤트를 해야 합니다. 일반 리뷰로 글 한 줄 올라오는 것보다 사진과 소

감이 같이 올라와야 사람들이 신뢰하기 때문이죠. 네이버도 포토 상품평
에 더 많은 점수를 줍니다.

이렇게 리뷰가 쌓이기 시작하면 4~5점의 리뷰 말고도 1~2점 리뷰도 분
명히 있을 겁니다. 상품이 아무리 좋아도 악플은 꼭 달리기 마련입니다.
그래서 리뷰 관리를 해줘야 합니다. 리뷰 관리의 기본은 답글을 잘 달아
주는 것입니다. 평점이 5점이든 1점이든 담당자 한 명을 배정해서 답글을
달아줘야 합니다.

답글은 영혼 없는 반복 멘트를 지양하고 실제 사람이 답변해 준다는 인
상을 줘야 합니다. 1점짜리 악평에 아무런 답글이 없으면 구매가 망설여
지지만, 담당자가 진심으로 응대하는 모습이라도 보여주면 '여기는 혹시
문제가 생기더라도 담당자가 답변을 해주네. 못해도 A/S는 받을 수 있겠
어'라고 생각하게 됩니다.

★★★★★ 5
mc**** · 23.01.29. | 신고
사이즈: LX free (L사이즈~XL사이즈) / 구성: 2개

어머니께서 너무 좋아하십니다
착용하시고 앉았다 일어났다 잘하세요
무릎수술 고민중이었는데
당분간은 문제없을거 같아요
본인이 수술안해도 될거같다고 너무좋아하셔서...

더보기 ∨

판매자 23.01.31. | 신고

안녕하세요? 공기찬입니다.
공기찬은 무릎의 지지역할을 도와주는 에어스프링을 통하여 무릎이 신체를 지지할 때 보완해드리는 제품입니다.
조금이나마 어머님께서 가지고 계신 불편함을 해결해드린 것 같아 매우 행복한 마음으로 하루를 시작합니다.
감사합니다.

공기찬 응대 사례 1

어떻게 리뷰 관리를 하는지 '공기찬 무릎보호대' 사례를 몇 개 보도록 하겠습니다. 평점 5점의 글이라면 고객이 만족한 부분을 다시 한번 되짚어주며 덕담을 남기면 좋습니다.

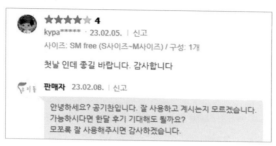

공기찬 응대 사례 2

그런 다음 자연스럽게 한 달 후 사용 후기를 부탁드릴 수도 있고요.

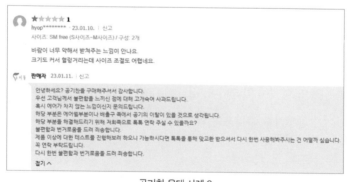

공기찬 응대 사례 3

1점짜리 리뷰에도 소비자가 마음 상하지 않게 먼저 사과하고 문제 해결을 위해 적극적으로 협조하는 자세를 보여드리면 됩니다.

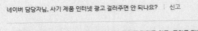

네이버 담당자님, 사기 제품 인터넷 광고 걸러주면 안 되나요? | 신고

└ 답변 저희 광고가 불편함을 드렸나봅니다. 특허를 가지고 있고, 특허를 기반으로 하여 지지하는 무릎보호대를 개발하여 판매하는 회사의 입장에서는 "사기"라고 하신 표현이 적절하지 못하다고 생각합니다. 3년간 꾸준히 연구하고 개발해낸 공기찬입니다. 또한 홈쇼핑 검수에서도 통과하여 지난달 방송한 제품입니다. 또한 많은 소비자 분들이 선택해주시고, 사용중이십니다. 광고로 인해 불편함을 드려 죄송하지만, 한 회사의 노력을 "사기"라는 단어로 폄하하지 말아주셨으면 좋겠습니다. 복된 하루 되시고, 행복한 하루 되시기 바랍니다. | 신고

공기찬 QnA 사례 1

가끔 QnA 게시판에 악플이 달리기도 합니다. 이때도 싸우거나 화내지는 않으면서 상대방이 오해한 부분은 정정해 주는 것이 좋습니다.

| 답변완료 | 좌/우 양쪽에 착용하려면 2개 구매하면 되나요? 좌/우 구분이 없는건가요? |

좌/우 양쪽에 착용하려면 2개 구매하면 되나요? 좌/우 구분이 없는건가요? | 신고

└ 답변 안녕하세요 고객님. 공기판 무릎보호대는 좌,우 구별이 없습니다. 감사합니다. | 신고

공기찬 QnA 사례 2

구매하기 전에 정말 궁금한 부분을 물어보기도 하는데요. 제가 상품을 고를 때 내가 잘 알거나 관심이 있어 공부할 수 있는 상품으로 진행하라고 한 이유가 여기에 있습니다. 상품에 대해 잘 알거나, 잘은 몰라도 관심이 있어야 공부라도 해둬서 문의에 빠르게 응대할 수 있기 때문이죠.

| 답변완료 | 오늘 보호대 잘 받았어요. 사이즈 큰걸로 교환해야 하는데 보내는분 번호로 전화하니까 안 받네요. |

오늘 보호대 잘 받았어요. 사이즈 큰걸로 교환해야 하는데 보내는분 번호로 전화하니까 안 받네요. | 신고

└ 답변 안녕하세요 고객님. 우선 제품에 불편 드려 정말 죄송합니다. 주문하신 사이트에서 교환접수 부탁드립니다. 교환시 왕복배송비 발생되시는 점 양해 부탁드립니다. 교환접수 시 CJ대한통운택배사로 교환수거 접수 진행 도와드리겠습니다. 감사합니다. | 신고

공기찬 QnA 사례 3

이런 QnA도 답변을 남기지 않으면 이걸 본 다른 사람이 여기는 배송 관련 문제가 있는 곳이라 생각하게 되니 꼭 리뷰 관리를 해주어야 합니다.

소비자는 이 3가지를 충족할 때 만족도가 높아집니다

자, 여기까지 진행했다면 여러분은 소비자 구매경로 8단계 각각에 대입되는 마케팅 퍼널을 거의 다 맞추셨습니다. 스마트스토어를 시작하기 위해 꼭 알아야 하는 검색 랭킹 로직을 살펴보았고, 스마트스토어에서 잘 팔릴 상품의 조건을 보면서 상품을 고르는 기준을 배웠습니다. 상품이 정해졌으면 객단가를 높이는 방법을 구상했습니다. 본격적으로 콘텐츠를 만들기 전에 시장조사로 넘어가 내 상품에 관련된 키워드를 찾았고 키워드를 통해 내 상품과 체급이 맞는 경쟁사를 알아봤습니다. 경쟁사 상품의 장·단점은 어떤지, 어떤 키워드와 태그를 써서 상품을 노출하고 있는지, 상세페이지에서는 무슨 말을 하는지를 보며 벤치마킹할 부분을 추렸습니다. 또 어떻게 이들과는 색다른 매력을 보여줄 수 있을까도 고민해 봤죠.

내 아이템 분석, 시장 조사한 결과를 종합해서 상세페이지를 만들었습니다. 경쟁사와 차별화되는 섬네일도 만들어서 상품을 등록하고 리뷰 이벤트를 시작했습니다. 이 모든 일을 통해 소비자 구매 경로에 맞춰 얼마나 퍼널이 맞춰졌을지 사진을 보면서 되짚어볼까요? 여태까지 함께 해온 당그니 3d펜을 예시로 들어보겠습니다.

소비자 구매경로	예시	마케팅 포인트	알아야 할 것		
주의	겨울이 왔는데 욕실이 춥다…	시장 상황	경장사 조사	소비자 조사	
흥미	욕실을 따뜻하게 하려면 어떤 상품을 써야 할까?	상품	상품의 필수 조건 8가지	상품의 구매 동기 5가지	
(네이버) 검색	욕실난방기, 욕실온풍기 같은 상품이 있네?	키워드	키워드조사		
검색결과 리스팅	욕실온풍기에는 이런 것들이 있구나	쇼핑검색 랭킹	적합도	인기도	신뢰도
클릭	이 온풍기가 괜찮아보이는데 한 번 알아볼까?	유입	썸네일	장품명	노출가격
비교& 검토	여러 온풍기 가운데 이게 가장 나은데?	전환	상세페이지	후기	이벤트
구매	이걸로 정했다 옵션도 같이 살까?	객단가	브랜드 스토리	신뢰도	업셀링
재구매 추천 공유	써보니 가격 대비 성능이 좋네 후기 5점 주고 주변에도 추천해야지	만족도	상품력	진실성	사용자의 만족

주의(Attention)는 자연스럽게 만들어지는 주의와 저희가 인위적으로 만든 주의가 있습니다. 인위적으로 만든 주의의 경우 당그니 3d펜을 TV 광고와 키즈 유튜브 채널에 등장시켰습니다. 구매자, 사용자, 구매결정자 중 사용자, 구매결정자인 아이가 많이 보는 채널을 공략한 것이죠. 만약 아이템 분석을 안 했다면 엉뚱한 채널에 광고비를 낭비했을 수 있습니다. 실제 광고를 보고 아이가 부모님에게 당그니 3d펜을 사달라고 졸라서 팔린 개수가 상당합니다.

자연스럽게 만들어지는 주의는 어린이날, 크리스마스 등 아이에게 선물을 해줘야 하는 날에 상품이 잘 판매되었습니다. 그 외에도 애들이 유튜브로 재밌는 영상을 찾아보다가 어린이 3d펜에 대해 알게 되어서 당그니로 구매가 이어지는 일도 있었고, 부모님이 아이에게 완구를 사주고 싶은데 기왕이면 교육에 도움이 되는 완구를 찾다가 당그니를 구입하는 상황도 있었습니다.

이런 다양한 상황을 통해 대중의 관심이 어린이 3d펜, 저온 3d펜이라는 상품의 흥미로 옮겨집니다. 흥미는 상품인데 당그니 3d펜은 소비자의 주의를 읽기 위해 경쟁사 조사, 소비자 조사를 거쳐서 매력적인 상품의 조건과 차별화 포인트를 갖춰서 제조되었기에 상품력에서는 자신이 있었습니다. 구매 결정자가 아이라면 우리 것을 살 수밖에 없다는 확신이 있었기에 주의를 더 키우기 위해 광고를 감행할 수 있었던 것이고요.

흥미가 생긴 사람들은 키워드로 검색하겠죠? 그리고 검색결과가 뜰 것입니다. 네이버의 검색 랭킹이 어떻게 작동하는지 적합도, 인기도, 신뢰도에 대해 이미 배웠습니다. 키워드 조사를 통해 내 상품의 카테고리와 일치하는 세부 키워드 여러 개를 뽑아 50자의 상품명을 지었기에 이 단계에서 소비자들이 검색하는 키워드에 상품이 노출되기 시작합니다. 경쟁사와 비교해서 차별화된 섬네일을 만들었기에 클릭도 받을 수 있고요.

이제 소비자는 여러 어린이 3d펜, 저온 3d펜 상품을 비교 & 검토할 것입니다. 저희는 시장조사를 통해 소비자의 니즈를 파악했고, 경쟁사 대비 당그니가 어떤 독특한 강점이 있는지 USP를 파악했습니다. 당그니의 상세페이지에는 구매결정자와 구매자의 니즈 & 원츠를 자극하면서 경쟁사 상품보다 더 매력적인 차별화도 말하고 있습니다. 객단가를 높이기 위한 브랜드 스토리와 신뢰도도 넣었고, 후기를 모으기 위한 리뷰 이벤트도 걸어놨습니다.

구매 단계에서 당그니는 객단가를 더 높일 수 있는 업 셀링 상품인 필라멘트가 있었습니다. 하루종일 3d펜을 붙잡고 노는 아이는 심한 경우 필라멘트를 하루 만에 다 쓰기도 해서 필라멘트만 재주문이 들어오는 일도 많았죠.

어떤가요? 우리는 맨 처음 스마트스토어에서 소비자가 어떻게 물건을 사는지 8단계 구매경로에 대해 배웠습니다. 이 구매경로에 해당하는 마케팅 퍼널을 전부 맞춰야 상품을 잘 팔 수 있으며, 도끼날을 전부 갈기 전까지 함부로 상품 등록을 하지 말자고 했습니다. 퍼널을 맞추는 데에도 순서가 있어서 먼저 네이버의 검색 랭킹에 대해 살펴보았고, 상품에 관해 배웠으며, 시장조사 하는 방법과 전환 콘텐츠 만드는 방법을 알았습니다.

아마도 한 파트 한 파트 읽으실 때는 이것들이 유기적으로 어떻게 연결되는지 그림이 잘 안 그려졌을 수 있습니다. 그런데 잘 팔리는 상품 하나를 놓고 다시 구매경로와 마케팅 퍼널을 놓고 보니 이 중 뭐 하나라도 소홀히 했다면 장독대에 구멍이 뚫려 물이 질질 샜을 것이 보이시죠?

이제 우리는 맨 마지막 퍼널 하나만을 남겨놓고 있습니다. 내 상품을 좋다고 느낀 고객이 재구매하고, 지인에게 추천하며, 리뷰와 후기를 공유하는 단계입니다. '손님이 내 스토어에 잘 들어와서 상품이 잘 팔리면 그걸로 됐지 않느냐?'라고 생각할 수도 있는데요. 이 공유 단계도 무시할 수 없습니다. 이 공유 단계는 다들 아시는 입소문인데, 입소문이 안 나는 상품이면 저희는 상품을 팔아 번 돈의 일부를 계속해서 광고비에 투자해야 합니다. 그런데 입소문이 나는 상품이면 광고하지 않아도 추천에 추천이 이어지며 팔리기에 더욱 많은 마진을 챙길 수 있습니다.

그렇다면 소비자들은 어떨 때 재구매, 추천, 공유를 할까요? 바로 상품 만족도가 높아질 때입니다. 사실 이 상품 만족도를 높이기 위해 현 단계에서 추가로 더 할 일은 없습니다. 이미 앞에서 한 일련의 작업을 통해 상품 만족도는 대체로 정해진 상태거든요. 그래서 상품 만족도에 관한 설명을 지금에서야 드리는 것입니다. 그래도 만족도가 무엇인지에 대해서 개념은 알아야 하니 설명하겠습니다. 만족도의 3요소에는 ① 상품력 ② 진실성 ③ 사용자의 만족 이렇게 3가지가 있습니다.

① 상품력

당연한 말이지만 일단 상품이 좋아야 소비자는 만족합니다. 그래서 매력적인 차별화가 있는 상품을 소싱했고, 해당 상품 관련해서 시장조사를 통해 소비자가 원하는 지점을 콘텐츠로 딱 건드려줬습니다.

매력적인 차별화에는 5가지, 즉 성능, 디자인, 가성비, 상징, 스토리가 있다고 말씀드렸죠? 소비자는 상품을 살 때 니즈와 원츠가 있다고도 말씀드렸습니다. 소비자의 니즈와 원츠가 내 상품의 매력적인 차별화와 매칭이 될 때 소비자 만족도는 높아집니다.

예를 들어 제가 책 초반부에서 보여드렸던 바툼 욕실온풍기의 매력적인 차별화는 성능과 디자인이었습니다. 소비자는 난방비 폭탄 이슈 때문에 저렴한 전기세로 따뜻한 욕실을 만들어주는 욕실온풍기를 구매했습니다. 여기서 욕실온풍기를 한 달 사용해 보고 실제 내가 원하고 기대한 대로 욕실이 따뜻하면서 한 달 사용 후 고지서를 받았는데 전기세가 저렴하고, 가스비를 덜 써서 전체 난방비가 줄어들었다면 상품력(성능)이 증명되면서 소비자는 큰 만족을 느끼는 것입니다. 모던한 디자인으로 시각적 즐거움을 더해주는 건 우선 성능에 만족한 다음의 부차적인 만족감이고요.

② 진실성

다음은 진실성입니다. 다들 '믿거페'라는 단어 한 번쯤은 들어보셨죠? '믿고 거르는 페이스북'의 줄임말인데요. 페이스북 광고를 보고 상품을 샀는데 광고와 실제 상품하고 너무 다른 거죠. 콘텐츠의 진실성이 중요한 이유입니다.

상세페이지에 임팩트 있는 GIF를 비롯해 소비자를 혹하게 만드는 내용을 넣는 건 물론 중요합니다. 그런데 과장 광고, 과대 광고가 되어서는 안 됩니다. 광고 메시지가 내 상품력을 뛰어넘어서 소비자의 기대감을 높이면 만족도가 팍 떨어지게 됩니다.

필모아 텀블러 임팩트 GIF

이전에 판매한 필모아 텀블러는 24시간 보온 보냉 기능이 있었는데요. '이를 어떻게 임팩트 있게 보여줄 수 있을까?'를 고민하다 텀블러에 얼음을 잔뜩 넣고 튀김기에 튀기거나, 끓는 물에 담그거나, 전자레인지에 넣고 돌리는 장면을 상세페이지에서 보여줬습니다. 그리고 뚜껑을 열어도 여전히 얼음이 녹지 않았다는 걸 보여드렸습니다.

그러자 텀블러를 산 한 고객이 이런 리뷰를 달았습니다. 광고를 보고 진짜 얼음이 녹지 않는지 의구심이 들어서 텀블러에 직접 얼음을 담아서

필모아 텀블러 후기

물에 삶아봤다는 겁니다. 콘텐츠의 진실성을 확인하고 나서 만족도가 높아져서 부탁드리지도 않았는데 후기를 직접 공유해 주신 사례입니다.

③ 사용자의 만족

상품에는 구매자, 사용자, 구매결정자가 있었죠? 우리는 대개 구매자를 설득하는데 구매결정자를 설득하는 게 더 중요하다고 했습니다. 이것은 구매 전환 관점에서 한 이야기고, 상품 만족도 측면에서 보자면 사용자를 만족시켜야 합니다.

구매자와 사용자가 같은 상품이라면 쓰는 본인이 만족하면 되지만, 구매와 사용자가 다르다면 구매자는 물건을 사서 자기 가족이나 지인에게 선물한다는 이야기가 되는데, 실제 상품을 사용하는 사용자가 만족해야 구매자도 덩달아 만족한다는 이야기죠. 부모님에게 무릎보호대를 선물해드렸는데, 부모님이 무릎보호대가 불편하고 별로라고 만족하지 않으면 사준 구매자가 긍정적인 리뷰를 남길 리가 없겠죠?

소비자가 만족했느냐 안 했느냐는 후기, SNS, 반품 등으로 체크할 수 있습니다. 안 좋은 후기가 달리고, SNS에 상품명이나 브랜드 키워드를 검색했을 때 악담이 나돌고, 반품률이 높다면 만족도 요소를 점검해야 합니다. 그래서 상품에 문제가 있어서 업데이트가 필요한 건 아닌지, 혹은 상품 자체에는 문제가 없는데 상품력 이상으로 과장 광고를 하기 때문에 사용자 만족도가 떨어지는 건 아닌지 검토하고 바로잡아야 합니다.

맨 마지막 퍼널 하나만을 남겨놓고 있습니다. 내 상품을 좋다고 느낀 고객이 재구매하고, 지인에게 추천하며, 리뷰와 후기를 공유하는 단계입니다. '손님이 내 스토어에 잘 들어와서 상품이 잘 팔리면 그걸로 됐지 않느냐?'라고 생각할 수도 있는데요. 이 공유 단계도 무시할 수 없습니다. 이 공유 단계는 다들 아시는 입소문인데, 입소문이 안 나는 상품이면 저희는 상품을 팔아 번 돈의 일부를 계속해서 광고비에 투자해야 합니다. 그런데 입소문이 나는 상품이면 광고하지 않아도 추천에 추천이 이어지며 팔리기에 더욱 많은 마진을 챙길 수 있습니다. 그렇다면 소비자들은 어떨 때 재구매, 추천, 공유를 할까요? 바로 상품 만족도가 높아질 때입니다.

PART 7

데이터 분석으로
금 간 퍼널을
보완해 보세요

이것이 네이버 비즈 어드바이저를 잘 사용하는 방법입니다

여기까지 스마트스토어를 함에 있어 사전 준비로 도끼를 갈고, 나무를 찍는 일까지 마쳤습니다. 축하드립니다. 여러분은 이제 상품 하나를 등록하더라도 마케팅 퍼널을 맞춰서 '제대로' 등록할 수 있게 되었습니다.

이 책을 쓰기 시작하면서 저는 여러분이 상품의 잠재력을 읽어내고, 그걸 드러내는 콘텐츠를 만들며, 내 상품과 결이 맞는 키워드를 찾아내 검색 랭킹에 맞게 등록할 수 있게 되면 좋겠다고 바랐습니다. 이제 큰 숙제 하나를 끝낸 느낌이 들어 마음이 가볍습니다.

그러나 아직 여기서 끝이 아닙니다. 제가 또 하나 약속드린 것이 있었죠? 여러분의 상품이 지금 잘 팔리고 있는지, 안 팔리고 있는지 스스로 되짚고 분석할 수 있는 능력을 갖추게 해드린다는 것이었습니다. 스스로 자신의 스마트스토어를 진단하고 '이 부분이 문제네. 그렇다면 이렇게 해야

겠어'라고 알아서 방향을 찾아 스스로 나아갈 수 있게끔 기준점을 제시하 겠다고 했습니다.

이를 위해 여러분이 배워야 할 마지막 퍼즐은 바로 '데이터 분석'입니 다. 내 상품에 얼마나 많은 사람이, 어떤 키워드로 유입되고 있는지, 유입 되는 사람은 남성인지 여성인지, 연령대는 어떻게 되는지, 얼마나 잘 팔 리고 있는지, 상세페이지는 얼마나 오래 체류하는지⋯등을 알아야 합니 다. 온라인 마케팅은 오프라인 마케팅과 다르게 내가 알고 싶은 이 모든 데이터를 열람할 수 있습니다.

저희가 상품을 좀 더 잘 판매할 수 있도록 네이버는 '네이버 비즈 어드 바이저'에서 이 데이터 분석 기능을 무료로 제공하고 있습니다. 그러나 볼 수 있는 데이터가 너무 많고 복잡하니 많은 스마트스토어 판매자가 이 좋은 기능을 어떻게 활용하면 좋을지 막막해합니다.

이번 장에서 비즈 어드바이저 사용법을 알려드릴 예정인데요. 직접 들 어가면 알겠지만 온갖 보고서를 다 볼 수 있습니다. 그러나 저는 실무에 서 이 많은 기능을 전부 다 사용하지는 않습니다. 결국 보는 보고서만 계 속 보게 되더군요. 그 자주 쓰는 기능을 알아보도록 하겠습니다. 스마트 스토어 판매자 센터에 로그인하시고 이 책의 설명을 바탕으로 실습해 보 시길 바랍니다.

스마트스토어 관리자센터 메뉴 중 통계가 바로 데이터를 볼 수 있는 '비즈 어드바이저'입니다. 요약, 판매분석, 마케팅분석, 쇼핑행동분석, 시 장벤치마크, 판매성과예측, 고객현황, 재구매 통계 총 8가지 보고서 항목

통계 요약

이 있죠? 이 8개 중 판매 분석과 마케팅 분석 2가지를 가장 많이 쓰게 됩니다. 일단 사진에 보이듯이 요약으로 들어가시길 바랍니다.

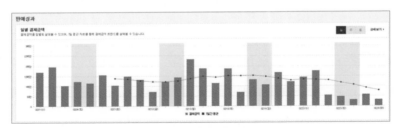

일별 결제금액 확인

요약으로 들어오면 판매 성과를 볼 수 있는데요. 일일 결제금액을 차트형 그래프로 볼 수 있습니다. 우측을 보면 일, 주, 월로 되어있고 그 옆에 상세보기가 있습니다. 상세보기를 눌러주세요. 그러면 판매 분석의 판매성과 보고서로 접속됩니다.

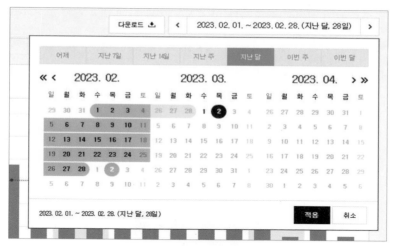

보고서 기간 설정

그후 우측 상단을 보면 날짜를 설정할 수 있는 칸이 있습니다. 그 옆에는 다운로드 버튼이 있죠? 내가 보고 싶은 기간을 날짜로 설정할 수 있고, 다운로드를 누르면 해당 기간의 데이터를 엑셀 파일로 내려받을 수 있습니다. 이 날짜 설정과 엑셀 다운로드는 어떤 보고서를 보든 동일하게 적용되니 직접 버튼을 클릭해 보면서 사용법을 확실히 익혀두는 것이 좋습니다.

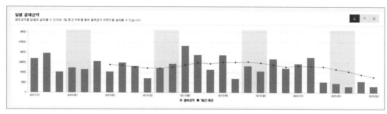

일별 결제금액 추이 확인

상세 보기 이전에는 7일 차트밖에 볼 수 없었는데 내가 설정한 기간만큼 매출 흐름을 볼 수 있습니다. 저의 경우 1일부터 22일까지는 일정하게 유지되었는데 25일부터 28일까지 매출이 감소했습니다. 그럼 내 스토어에 어떤 이슈가 있었는지 체크해야겠죠? 당시 시즌이 지난 상품 몇 개를 내려서 그만큼 매출이 빠졌습니다. 이 판매성과 데이터에서는 내 매출이 안정적으로 흐르는지, 내림세인지, 상승세인지 큰 흐름을 살펴보면 됩니다.

통계 판매분석

다음은 상품성과 데이터를 보겠습니다. 통계에서 판매 분석을 먼저 클릭해주세요.

판매분석 상품성과

판매 분석에서는 8개의 데이터를 볼 수 있는데요. 이 중 상품성과를 클릭해주세요. 다른 데이터를 볼 때도 마찬가지로 먼저 좌측 통계 메뉴에서 하나를 고르고, 상단에서 하나를 고르는 식으로 접속합니다. 지금부터는 경로를 찾아가는 사진은 빼고 어디의 어디를 들어가라고 글로만 설명드리겠습니다.

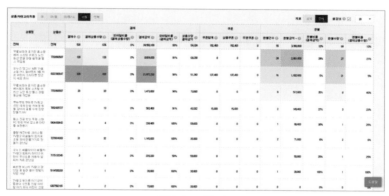

환불 많은 상품 체크

상품성과 데이터로 들어와서 아래로 쭉 내린 다음 좌측 상단의 상품 카테고리 차원을 상품으로 바꿔주세요. 그리고 우측 상단의 지표는 요약이 아닌 전체로 바꿔주시길 바랍니다. 여기에서는 내 상품의 결제, 쿠폰, 환불 데이터를 모두 확인할 수 있지요. 예를 들어 결제금액을 클릭하면 내가 설정한 기간 중 가장 많은 매출을 올린 상품을 순서대로 볼 수 있습니다.

여기서 중요한 건 환불입니다. 유입, 전환이 잘 되는데 이상하게 매출이 기대 이하면 반품, 환불이 많을 수 있습니다. 그럴 때 상품성과 데이터에서 환불 금액이 높은 순으로 상품을 정렬해 어떤 상품이 자꾸 환불이 일어나는지 점검해 주세요.

상품을 알아냈다면 원인이 무엇인지 밝혀내어 문제가 있는 부분의 퍼널을 유지 보수하면 됩니다. 이때 1점 리뷰를 남긴 고객의 불만을 보면 상품이 문제였는지, 상세페이지의 과장 광고가 문제였는지, 배송이 문제였는지 원인을 파악할 수 있습니다.

결제상품 수량 체크

이번에는 쇼핑행동 분석 보고서를 보겠습니다. 좌측 통계 메뉴 중 쇼핑행동분석·상품별을 클릭하고 아래로 내려주세요. 상품 카테고리 차원을 상품으로 바꾸면 위의 이미지와 같은 데이터를 볼 수 있습니다. 여기서는 내 상품의 대략적인 클릭 유입과 구매 전환수를 알 수 있습니다.

아시다시피 매출이 나기 위해서는 기본적인 유입량과 구매량이 있어야 합니다. 전체 매출 흐름이 내림세를 타고 있다면 내림세를 타기 전과

후 기간을 나눠서 쇼핑행동 분석 데이터를 보면 유입량이 문제인지, 구매 전환이 문제인지, 아니면 둘 다 문제인지 파악할 수 있지요.

만약 유입량이 문제라면 어떻게 하면 될까요? 앞서 살펴본 유입을 관장하는 3요소 섬네일, 상품명, 노출 가격을 살펴보면 됩니다. 구매 전환이 문제라면 전환을 관장하는 3요소인 상세페이지, 후기, 이벤트를 점검하면 되겠죠?

여기서 또 중요한 것이 상세 조회 대비 결제율입니다. 이건 유입량이 어느 정도 쌓여야 유의미한 데이터긴 한데요. 예를 들어 1명이 봐서 그 1명이 상품을 구매하면 결제율이 100%가 나와버립니다. 그러니 조회 수가 1,000명, 2,000명 많은 상품에만 결제율을 봐야 합니다. 제 경험상 일반적으로 기본을 지켜서 상품을 등록하면 전환율이 1~3% 대가 나옵니다. 도끼날을 열심히 갈아서 제대로 상품을 등록하면 5~7% 대가 나오고요. 날

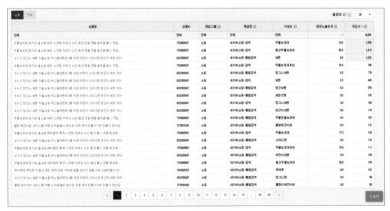

평균노출순위 체크

281

을 갈지 않고 대충 등록하면 1% 밑이 나옵니다. 만약 여러분 상품이 어느 정도 조회 수가 쌓였는데, 결제율이 0.3%, 0.5% 등 1~3%대에도 미치지 않는다면 상품 분석부터 다시 시작하는 것이 좋습니다.

좌측 통계 메뉴의 마케팅 분석·상품 노출 성과로 들어오면 상품 노출 성과 보고서를 볼 수 있습니다. 여기서는 내 상품이 어떤 키워드에 몇 위로 노출되어 있는지를 알 수 있지요. 내 상품이 전환율은 큰 문제가 없는데 유입량에 문제가 있다면, 여기서 노출 순위를 체크하면 됩니다.

참고로 채널명을 보면 네이버쇼핑-통합검색이 있고 네이버쇼핑-검색이 있는데요. 네이버쇼핑-통합검색은 어떤 상품이든 다 0으로 뜹니다. 통합검색은 제외하고 네이버쇼핑-검색의 순위만 참고하시면 됩니다. '순위가 낮다'는 이야기는 적합도를 안 지키고 상품을 등록했거나, 상품 등록한 지 오래되어서 최신성 지수가 떨어진 상태에서 새로운 신흥 강자가 치고

결제상품 수량 체크

올라왔을 가능성이 높습니다. 이럴 땐 내가 상품명에 넣은 조합 키워드를 검색해서 경쟁사 조사에 들어가야 합니다.

이번에는 좌측 통계의 마케팅 분석·검색 채널로 와서 스크롤을 내려 주세요. 차원은 간단으로, 지표는 전체로 설정해 주시길 바랍니다. 이 검색채널 보고서는 제가 비즈 어드바이저에서 가장 중요하게 살펴보는 보고서입니다.

여기서는 보시다시피 사람들이 어떤 키워드로 유입되어서 페이지 조회를 하고, 결제하는지 상세하게 볼 수 있습니다. 잘 보시면 '결제(마지막 클릭 기준)'와 '결제(+14일 기여도 추정)' 2가지가 있죠? 마지막 클릭 기준은 결제한 사람이 마지막에 유입된 키워드만 따지고, +14일 기여도 추정은 고객은 한 번에 사는 사람도 있지만, 이 상품 보고 저 상품 살펴보면서 내 페이지에도 여러 번 방문해 고민을 거듭하다 구매하는 일도 있기에 내 키워드가 그 일련의 과정을 거쳐 구매하기까지 얼마나 기여했나 평균값을 보여주는 것입니다.

한 마디로 여기서는 어떤 키워드가 돈 되는 키워드인지를 점검할 수 있습니다. 검색량이 제법 되는 세부 키워드를 모아 50자 상품명을 지었는데 검색 채널 보고서를 봤을 때 유입, 전환이 떨어진다면 그 키워드가 내 상품과 결이 맞는지, 내가 섬네일과 상세페이지에는 문제가 없는지 등을 살펴봐야 합니다.

몇 가지 살펴보면 현재 무릎보호대 키워드로 유입수가 1,808번인데 결제 수 9로 유입당 결제율이 0.50%밖에 안 됩니다. 반면 노인 무릎 보호대 키워드는 결제율이 3.85%죠. '공기찬 무릎보호대' 자체가 중·장년층을 대상으로 만들어진 상품이라 중·장년층이 검색하는 노인 무릎보호대 키워드에서는 잘 팔리지만, 운동하는 젊은 층도 검색하는 그냥 무릎보호대 키워드에서는 성과가 시원찮은 것입니다. 이런 경우 쇼핑 검색 광고할 때도 중·장년층이 검색할 키워드에 예산을 몰아주고, 마케팅 채널과 타깃 소재도 철저하게 중·장년층에 맞춰야 효율이 높다는 인사이트를 얻을 수 있습니다. 지금 보고서를 보면 공기찬 무릎보호대와 당그니 3d펜 키워드가 혼재되어 있는데요. 상품 별로 키워드를 모아서 볼 수 있는 방법은 없는지 궁금하시죠? 그 방법을 알려드리겠습니다.

보고서 다운로드

제가 초반에 우측 상단에서 날짜를 설정할 수 있고 보고서를 엑셀 파일로 다운로드할 수 있다고 알려드렸습니다. 다운로드 버튼을 눌러서 엑셀을 내려받아 주세요.

엑셀 데이터·필터

엑셀 프로그램을 연 다음 키워드가 있는 D항을 클릭해서 전체 선택을

해줍니다. 그 상태에서 상단 데이터·필터를 클릭해 주세요.

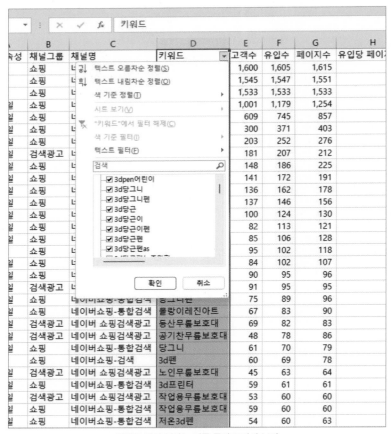

	B	C	D	E	F	G	H
녹성	채널그룹	채널명	키워드	고객수	유입수	페이지수	유입당 페이
	쇼핑		텍스트 오름차순 정렬(S)	1,600	1,605	1,615	
	쇼핑		텍스트 내림차순 정렬(O)	1,545	1,547	1,551	
	쇼핑		색 기준 정렬(T)	1,533	1,533	1,533	
일	쇼핑		시트 보기(V)	1,001	1,179	1,254	
일	쇼핑		"키워드"에서 필터 해제(C)	609	745	857	
일	쇼핑		색 기준 필터(I)	300	371	403	
일	쇼핑		텍스트 필터(F)	203	252	276	
일	검색광고			181	207	212	
일	쇼핑		검색	148	186	225	
일	쇼핑		☑ 3dpen어린이	141	172	191	
일	쇼핑		☑ 3d당그니	136	162	178	
일	쇼핑		☑ 3d당그니펜	137	146	156	
일	쇼핑		☑ 3d당근	100	124	130	
일	쇼핑		☑ 3d당근이	82	113	121	
일	쇼핑		☑ 3d당근이펜	85	106	128	
	쇼핑		☑ 3d당근펜	95	102	118	
일	쇼핑		☑ 3d당근펜as	84	102	107	
일	쇼핑			90	95	96	
일	검색광고		확인 취소	91	95	95	
일	쇼핑	네이버쇼핑-통합검색	당그니	75	89	96	
일	쇼핑	네이버쇼핑-통합검색	물랑이레진아트	67	83	90	
일	검색광고	네이버 쇼핑검색광고	등산무릎보호대	69	82	83	
일	검색광고	네이버 쇼핑검색광고	공기찬무릎보호대	48	78	86	
일	쇼핑	네이버쇼핑-통합검색	당그니	61	70	79	
	쇼핑	네이버쇼핑-검색	3d펜	60	69	78	
일	검색광고	네이버 쇼핑검색광고	노인무릎보호대	45	63	64	
일	쇼핑	네이버쇼핑-통합검색	3d프린터	59	61	61	
일	검색광고	네이버 쇼핑검색광고	작업용무릎보호대	53	60	60	
일	쇼핑	네이버쇼핑-통합검색	작업용무릎보호대	59	60	60	
일	쇼핑	네이버쇼핑-통합검색	저온3d펜	54	60	63	

필터로 내가 원하는 제품 통계 모아서 보기

그러면 D 바로 아래 키워드에 ▼버튼이 생기면서 필터 적용이 완료됩니다. ▼를 누르면 키워드가 쭉 정렬되는데요. 내가 만약 당그니 3d펜 관련 키워드만 모아서 보고 싶다면 당그니 키워드만 체크한 다음에 확인을 누르셔도 되고요.

C	D	E			지수	결제수(
	키워드	고객수				
쇼핑-검색	무릎보호대	1,600	1,605	1,615	1.0	
쇼핑-검색	무릎보호대추천	1,545	1,547	1,551	1.0	
쇼핑-검색	등산무릎보호대	1,533	1,533	1,533	1.0	
쇼핑-통합검색	3d펜	1,001	1,179	1,254	1.1	
쇼핑-통합검색	당그니3d펜	609	745	857	1.2	
쇼핑-검색	3d펜	300	371	403	1.1	
쇼핑-통합검색	당근3d펜	203	252	276	1.1	
쇼핑검색광고	무릎관절보호대	181	207	212	1.0	
쇼핑-통합검색	3d당근펜	148	186	225	1.2	
쇼핑-검색	당그니3d펜	141	172	191	1.1	
쇼핑-통합검색	당근이3d펜	136	162	178	1.1	
쇼핑-통합검색	무릎연골보호대	137	146	156	1.1	
쇼핑-통합검색	몰랑레진아트	100	124	130	1.0	

키워드 정렬로 내가 원하는 제품 모아서 보기

혹은 필터 옆에 정렬이 있는데 ㄱ~ㅎ 순으로 정렬할지, ㅎ~ㄱ 순으로 정렬할지 선택할 수 있습니다. 저는 일단 키워드를 ㄱ~ㅎ 순으로 정렬하겠습니다.

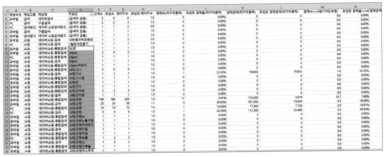

3d펜 유입 키워드 체크

3d펜 관련 키워드만 쭉 모인 걸 볼 수 있습니다. 3d펜 관련해서 정말 다양한 키워드로 고객들이 유입되었네요. 이 중 3d당근펜의 성과가 좋은 걸 알 수 있습니다. 이런 식으로 내 검색 채널 보고서에서는 내 상품의 돈 되는 키워드가 무엇인지 보면서 내 마케팅 예산을 어느 키워드에 몰아줘야 하는지 판단할 수 있습니다.

반면 유입이 떨어졌다면 섬네일에 문제가 없는지, 나보다 더 저렴한 가격에 판매하는 신흥 경쟁자가 없는지, 키워드 검색량에 변동은 없는지 체크해야 하고요. 전환이 떨어졌다면 경쟁사에 비해 상세페이지가 매력적이지 않아 업데이트가 필요한지, 안 좋은 후기가 생긴 건 아닌지 등을 검토하면 됩니다.

상세페이지 체류시간 체크

다음은 좌측 통계 메뉴에서 쇼핑 행동 분석·페이지별로 들어와 주세요. 여기서는 내 스마트스토어 각 페이지 URL이 나와 있는데요. 보시다시피 체류시간을 확인할 수 있습니다. 상품 페이지의 체류시간이 짧다는 말은 고객이 내 상품 상세페이지를 제대로 안 읽고 뒤로 가거나 ×를 눌러서 빠르게 이탈한다는 뜻입니다.

만약 다른 보고서를 봤을 때 A 상품이 유입량은 괜찮은데 유입량 대비 전환율이 안 좋다면 가장 먼저 상세페이지를 의심해 볼 수 있겠죠? 그러면 상세페이지를 바꾸기 전의 체류시간이 어떤지 한 번 보고, 사람들이 오래 머무르게끔 이목을 사로잡는 상세페이지로 변경한 이후의 체류시간을 다시 한번 살펴보는 것입니다. 아무리 상세페이지를 갈아줘도 여전히 체류시간이 짧다면 내 상품 자체가 타깃 고객에게 매력이 없는 건 아닌지 고민해 보고, 타깃을 바꿔 상품 콘셉트를 새롭게 짜거나 혹은 상품력을 보완합니다.

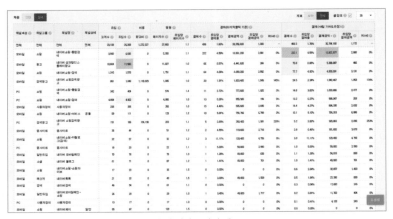

유입 채널 & 결제 체크

이번에는 통계의 마케팅 분석·전체 채널로 들어와 주세요. 차원은 상세로, 지표는 전체로 설정해 주시길 바랍니다. 여기서는 내 스마트스토어를 어떤 채널에서 많이 들어오는지 볼 수 있습니다. 고객 수, 유입수를 높은 순서로 정렬하면 더 명확히 보입니다. 또 내가 가장 광고비를 많이 투자하는 채널은 어디인지, 그에 대비해 어디서 온 손님이 가장 결제를 많이 하는지도 알게 됩니다.

이 전체 채널 보고서는 내가 여러 채널에서 마케팅할 때 봐야 하는 보고서입니다. 이번 책에서는 페이스북, 인스타그램, 구글, 유튜브 등 외부 채널 마케팅에 대해서는 다루지 않았습니다. 어디까지나 스마트스토어에 관한 책이니까요.

하지만 스마트스토어를 제대로 할 줄 알게 되면 매출을 더 늘리기 위해 네이버 광고도 시작하고, 네이버 외 다른 외부 채널에서도 마케팅과 광고를 시작할 것입니다.

그 시기가 왔을 때 채널 보고서를 볼 줄 알아야 어떤 채널에서 가장 판매가 많이 일어났는지, 어떤 채널이 성과가 저조한지 분석할 수 있습니다. 당연히 효과가 저조한 채널은 광고비 투자를 줄이고 효과가 좋은 채널에 예산을 집중하면 되겠죠?

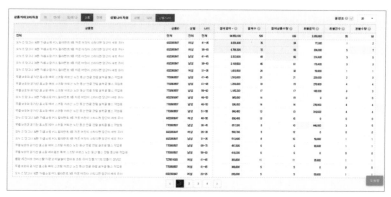

연령별 결제수 체크

마지막으로 상품/인구통계 보고서를 보겠습니다. 좌측 통계 메뉴의 판매 분석 ⇨ 상품/인구통계 보고서로 들어와 주세요. 상품 카테고리 차원은 상품으로, 성별 나이 차원을 성별/나이로 바꿔주시길 바랍니다.

상품/인구통계 보고서에서는 상품별로 성별, 연령대에 따른 결제 정보, 환불 정보를 볼 수 있습니다. 당그니 3d펜은 30~40대 여성의 구매 비중이 가장 높습니다. 주로 어머니가 아이에게 사준다는 뜻입니다. 반면 공기찬 무릎보호대는 40~60대 남성의 구매가 많습니다. 공기찬 대표님은 어머니를 위해 개발한 상품인데 실제로는 전국의 아버님들이 많이 사용하고 있었네요.

이처럼 상품/인구통계 보고서에서는 내 상품의 실제 타깃을 확인할 수 있습니다. 소비자 분석 단계에서 '내 상품의 타깃(Who), 니즈(Why), 원츠(What)가 무엇일까?' 가설을 세우는데 내 가설이 맞았는지 틀렸는지 검증할 수 있죠. 만약 생각지도 못한 타깃에서 구매가 일어난다면 후기를 체크해서 어떤 사람이 무엇 때문에 사는지 밝혀낸 뒤 해당 내용을 상세페이지에 반영해야 합니다. 내가 생각한 타깃에서 환불이 많이 일어난다면 역시나 그 이유를 알아내서 타깃을 바꾸거나, 판매를 중지하고 상품을 회수해 단점을 개선한 업데이트 버전을 출시할 필요가 있습니다.

고객 프로파일링

성별, 연령을 넘어서 더 디테일한 정보를 보려면 판매분석·상품/고객 프로파일 보고서로 들어가면 됩니다. 상품 카테고리 차원을 상품으로 바꿔주세요. 프로파일 차원으로 결혼상태, 가구당 인원, 직업, 자녀 나이가 있는데 내 상품을 구매한 고객이 결혼했는지 안 했는지, 몇인 가구인지, 직장인인지 주부인지, 자녀는 미취학인지 학생인지 등을 알 수 있습니다.

이상 판매 성과 보고서, 상품성과 보고서, 쇼핑 행동 분석 보고서, 상품 노출 성과 보고서, 검색 채널 보고서, 전체 채널 보고서, 상품/인구통계 보고서, 상품/고객 프로파일 보고서 등을 알아봤습니다.

말씀드렸다시피 가장 중요한 건 검색 채널 보고서입니다. 이걸 중점적으로 살펴보시되 그때그때 유입, 전환, 객단가에 문제가 있는 부분을 따져서 필요한 보고서를 보며 상품, 섬네일, 키워드, 노출 가격, 상세페이지, 후기, 이벤트를 바꿔가며 성과를 개선하시길 바랍니다.

스마트스토어를 디딤돌 삼아
더 큰 성공의 결실을 기원합니다

2002년, 처음으로 온라인 상품 판매를 시작했습니다. 저는 다양한 회사에서 근무하며 여러 가지 상품을 팔았고, 6년 전에 독립해서 스마트스토어 판매로 사업을 시작했습니다. 이 책에서 소개한 방법과 비법으로 유아 완구 상품 판매를 시작으로, 직접 판매 상품과 컨설팅한 상품을 합쳐 연 매출 100억 원을 달성했습니다. 최근 3년간은 플랫폼에 대해 고민했습니다. 스마트스토어는 그나마 수수료가 저렴한 편인데 다른 오픈마켓은 수수료가 10~15%가 나가니까 제가 50억 원 매출을 만들어도 수수료로 6억 원이 나가니 결국 자사 몰 설립을 고려할 수밖에 없더군요.

마침 제 스토어의 주된 고객층이 주부인데 어머님들은 다른 어머님의 후기에 반응하는 걸 알고 있었습니다. '어차피 자사 몰을 만든다면 자사 상품을 파는 평범한 쇼핑몰을 만들 게 아니라 실제 방문자들이 조금이라도 혜택을 얻어 갈 수 있게끔 플랫폼을 만들어보자'라는 생각으로 구상을 시작했습니다.

그렇게 만들어진 게 유아용품과 유아 콘텐츠 관련해서 어머니의 후기를 모아놓은 후기 플랫폼 안도리(www.andoreview.com)입니다. 저와 임직원의 노력, 그리고 운이 따라줘서 안도리는 정부 지원 사업에 채택되어 신용보증기금으로부터 투자를 받았고 벤처기업 인증을 받게 되었습니다. 자금이 마련되니 회사 규모를 갖춰 조직을 키울 수 있게 되었고, 감사하게도 능력과 책임감을 두루 갖춘 지금의 직원들을 만날 수 있었습니다.

저 혼자서 열심히 하던 일들을 직원들이 분담해 주니 제가 자유롭게 움직일 시간이 확보되었습니다. 평소 같았으면 판매에 정신이 없어서 거절했을 강의도 나갈 여력이 되었죠. 그러다 인천 재능대학교의 겸임 교수가 되어서 스마트스토어에 대해 강의하고 있습니다. 다른 데도 아닌 대학에서 스마트스토어를 가르쳐야 하는 입장이 되니 이론적인 부분을 체계화하는 작업을 시작했고, 그것이 이 책으로까지 연결되었습니다.

스마트스토어를 시작하려는 여러분 중에서는 부업으로 돈을 벌려는 분도, 제조업 유통업을 하며 자신의 상품으로 매출을 늘리고 싶은 분도 계실 것입니다. 여러분의 첫 동기가 무엇이 되었든, 큰 꿈을 꾸고 치열하게 공부하여 좋은 상품을 팔아 돈을 많이 버셨으면 좋겠습니다. 제가 스마트스토어 판매로 시작해서 벤처기업 대표와 겸임 교수가 될 수 있었던 것처럼 말입니다.

'시작은 미약하였으나 끝은 창대하리라'는 말도 있지 않습니까? 책에서 제가 알려드린 유입 전환 객단가, 소비자 구매경로, 마케팅 퍼널 등의 개념은 스마트스토어를 넘어 온라인 마케팅 전반에 다 적용되는 개념입니다. 추가적인 내용은 전작《바로 매출이 오르는 판매마케팅 법칙》에서 자세히 다뤘으니 같이 읽어보시는 걸 추천합니다.

책에서도 누누이 강조했지만 스마트스토어로 성공하기 위해서는 소비자의 욕구(니즈)와 원츠를 충족하면서 경쟁사와 비교해 매력적인 차별화가 있는 상품으로 시작해야 합니다. 이런 상품을 개발하거나 소싱 해서 책에 나온 대로 마케팅 퍼널을 맞춰서 성공을 맛보셨다면 네이버 광고와 마케팅도 해보시고, 스마트스토어뿐만 아니라 쿠팡, 지마켓, 위메프, 11번가 같은 오픈마켓으로 진출하셨으면 좋겠습니다.

그렇게 매출을 높여나가다 보면 혼자서는 일이 감당이 안 되는 시기가 찾아옵니다. 그때부터 직원을 채용해 조직을 갖추는 셀러가 되셨으면 좋겠습니다. 돈을 벌기 위해 좋은 상품을 판매하니 소비자도 만족하고, 직원을 채용하니 고용이 창출되며, 직원들은 월급을 받아 가정을 꾸릴 수 있으니 나와 소비자와 직원과 사회 모두가 윈윈(Win-Win) 아니겠습니까? 이처럼 '지금보다 상품을 더 잘 팔고 싶다'는 저와 여러분의 바람이 세상에 작은 빛이 될 수도 있습니다.

마지막으로 이 책이 세상에 나오기까지 도움을 준 많은 분들께 감사의 말씀을 전합니다. 고3 수험생으로 아빠와 같이 노력해 준 큰딸 다온이, 자료수집 및 정리를 도와준 (사)한국마케팅진흥원 최종훈과 동료들, 아이디어를 체계적으로 정립하는데 큰 도움을 준 트렌드헌터 정영민 대표님, 제가 스마트스토어 책을 내게끔 많은 영감을 불어넣어준 학비공 신동규 대표님. 모두에게 감사드립니다.

바로
매출이
오르는
스마트스토어

1판 1쇄 펴낸날 2023년 5월 24일
1판 6쇄 펴낸날 2024년 2월 1일

지은이 전준혁

펴낸이 나성원
펴낸곳 나비의활주로

책임편집 유지은
디자인 BIG WAVE

주소 서울시 성북구 아리랑로19길 86
전화 070-7643-7272
팩스 02-6499-0595
전자우편 butterflyrun@naver.com
출판등록 제2010-000138호
상표등록 제40-1362154호
ISBN 979-11-93110-03-4 03320